Stuttgarter Kleiner Kommentar
– Neues Testament 8 –

Stuttgarter Kleiner Kommentar
– Neues Testament 8 –

Herausgegeben von
Paul-Gerhard Müller

Jacob Kremer

2. *Korintherbrief*

Verlag Katholisches Bibelwerk GmbH, Stuttgart

CIP-Titelaufnahme der Deutschen Bibliothek

Stuttgarter Kleiner Kommentar. –
Stuttgart: Verl. Kath. Bibelwerk.
Abt. teilw. hrsg. von Gabriele Miller u. Alfons Musterle
Neues Testament/hrsg. von Paul-Gerhard Müller.
NE: Müller, Paul-Gerhard [Hrsg.]; Miller, Gabriele [Hrsg.]
[N.F.], 8. Kremer, Jacob: [Zweiter Korintherbrief]. – 1990

Kremer, Jacob:
[Zweiter Korintherbrief]
2. Korintherbrief/Jacob Kremer. –
Stuttgart: Verl. Kath. Bibelwerk, 1990
(Stuttgarter kleiner Kommentar:
Neues Testament; [N.F.], 8)
ISBN 3-460-15381-4

Mit kirchlicher Druckerlaubnis

Druck: Wilhelm Röck, Weinsberg

Inhaltsverzeichnis

Vorwort

Ermutigung zum Lesen von 2 Kor

Wie kein anderer Paulusbrief bietet uns 2 Kor einen Einblick in das persönliche Leben und Wirken des Apostels, besonders in seine Gemeinschaft mit dem gekreuzigten und auferstandenen Herrn. In diesem Brief stehen tiefste theologische Aussagen über die Hoheit des Neuen Bundes und über das apostolische Amt neben bedenkenswerten Äußerungen über die Bewältigung innerkirchlicher Spannungen in den ersten Jahrzehnten der Christenheit. Diese Themen weisen viele Bezüge zu aktuellen Problemen auf: Kontroversen über das kirchliche Amt, die wahre Verkündigung des Evangeliums, die Bedeutung des Alten Bundes, den Wert des gegenwärtigen, oft mit vielen Mühsalen belasteten Lebens angesichts der Hoffnung auf die Auferstehung und nicht zuletzt die Problematik des Unterhalts kirchlicher Diener sowie die der Durchführung von Kollekten.

Durch die Aufnahme in den Kanon der Heiligen Schriften hat dieser Brief für Christen die besondere Autorität als »Wort Gottes«. Damit wird das Schreiben des Paulus nicht nachträglich als von Gott direkt diktiert bewertet, wohl aber als ein Text, durch den der von Juden und Christen angerufene Herr des Alls sich persönlich uns Menschen gegenüber äußert. Ohne die eigenständige Schreibweise des Apostels aufzuheben, spricht er die Leser durch diese Briefe ebenso an wie durch die übrigen Schriften des Alten und Neuen Bundes. Dabei ist zu beachten, wie in letzter Zeit mit Recht bemerkt wurde: »Wort Gottes« im vollen Sinn ist nicht der Text der Bibel für sich allein (der Buchstabe), sondern die durch ihn den Lesern bzw. Hörern in der Kirche vermittelte und von ihnen vernommene Kundgabe Gottes.

Das Lesen dieses Bibeltextes, der als der schwierigste Paulusbrief gilt, fällt nicht immer leicht und läßt viele davor zurückschrecken; manche Verse bleiben dunkel, da der Apostel in seinen engagierten Worten oft auf Vorgänge anspielt, die uns im einzelnen kaum oder überhaupt nicht bekannt sind. Um möglichst weiten Kreisen einen Weg zum Verstehen dieses Briefes zu ebnen, wird hier eine doppelte Hinführung gewählt: Nach der einleitenden Information über Vorgeschichte, Aufbau und Einheitlichkeit sowie über die bekämpften Gegner wird in einem ersten Schritt jeweils der vorliegende Text unter Auswertung der neueren bibelwissenschaftlichen Forschung exegetisch erklärt. Die Berücksichtigung des textlichen und außertextlichen Zusammenhangs sowie der damaligen Ausdrucksweisen vermag nämlich die einzelnen Wendungen zu erhellen und manche Mißverständnisse zu verhindern. Da es nicht immer leicht ist, die mitunter polemisch formulierten Worte des Apostels zu verstehen, und diese in den gängigen Übersetzungen keineswegs einheitlich wiedergegeben werden, wird hier folgender Weg gewählt: Mit einer kurzen als Lesehilfe gedachten Einführung wird zunächst auf den Gedankengang des jeweiligen Abschnitts aufmerksam gemacht und dann die Aussage der einzelnen Verse näher bestimmt.

In einem zweiten, bibeltheologischen Schritt wird alter kirchlicher Praxis gemäß versucht, den Leser dazu anzuleiten, das in einer anderen Situation und Umwelt schriftlich fixierte Bibelwort als ein ihn in seiner Zeit und Umwelt ansprechendes Wort Gottes zu vernehmen (vgl. Röm 15,4; 2 Tim 3,16). Paulus schrieb ja an eine Gemeinde, in der Irrlehrer seine Autorität bestritten und ihn zur Selbstverteidigung zwangen, während die heutigen Gemeinden – bei Anerkennung der Autorität des Apostels – nach der wechselvollen und bis heute nachwirkenden Geschichte der Kirche vor anderen Problemen stehen. Das moderne Verständnis von Natur, Menschheitsgeschichte und menschlicher Psyche unterscheidet sich in mancher Hinsicht vom Verstehenshorizont der Erstleser. Soll der von Paulus niedergeschriebene Text uns heute noch ansprechen, bedarf es darum eines neuen Lesens *(relecture)*, das oft auch eine Neuinterpretation einschließt. So haben ja schon die

Israeliten im Alten Bund frühere Verheißungen neu gedeutet (z.B. beim Bezug von Jes 7,14 auf den endzeitlichen Retter, vgl. Mi 5,2); nur durch Neuinterpretation konnten Juden später noch die Verheißungen einer glorreichen Heimkehr aus dem Exil (z.B. Jes 40,10f; 41,17–20; 44,24–28) trotz der bestehenden ärmlichen Verhältnisse als an sie gerichtete Trostworte verstehen; ähnlich haben auch die ersten Christen die Aussagen über den erwarteten Herrscher aus dem Stamm Juda (Gen 49,10) und König aus dem Hause David (2 Sam 7,12; 1 Chr 17,11) in einem neuen, übertragenen Sinn verstanden (nicht mehr als politischen Herrscher) und auf Jesus von Nazaret bezogen (z.B. Lk 1,32).

Außerdem ist nicht zu übersehen, daß die in diesem Kommentar besonders betonte Bedeutung der Bibel als Wort Gottes für manchen Leser unserer Tage zunächst befremdlich klingt. Leben wir doch seit Kopernikus und der Aufklärung in einer Welt, in der den meisten Menschen der Gedanke an Gott nicht so nahe liegt wie in früheren Jahrhunderten, als man alltägliche Vorgänge direkt auf Gott und überirdische Mächte zurückführte. Fast alle wissen heute um die Weite des Weltalls, die Eigengesetzlichkeit der Natur und die Neigung der Menschen zur Personifizierung außergewöhnlicher Kräfte in mythischen Erzählungen vieler Völker. Wie kann jemand, der dies bedenkt, noch damit rechnen, daß der alles menschliche Begreifen übersteigende Urgrund des Alls sich nach Art einer menschlichen Person äußert und kundtut? Diesbezüglich ist – vor allem im Blick auf die geschichtsgebundene Sprache der Bibel – aber zu bedenken, was schon in früheren Zeiten große Denker wie etwa Augustinus und Nicolaus Cusanus betonten: Im Unterschied zu landläufigen, oft mythischen Ansichten übersteigt der sich in der Bibel den Menschen offenbarende Gott alle menschlichen Vorstellungen und Begriffe *(deus semper maior);* deshalb kann auch der Glaubende ihn nur in einer »belehrten, immer neu zu lernenden Unwissenheit« *(docta ignorantia)* erkennen, welche die Grenzen jedes Redens von Gott beachtet. Wesentliche Voraussetzungen für das Lesen der Bibel als Wort Gottes – das gilt auch für 2 Kor – sind darum das Eingeständnis der Grenzen eigenen Wissens und das betende Aufmerken auf den, der sich uns Menschen gegenüber kundtut, sowohl in der Bezeugung durch die Urväter und Propheten des Alten Bundes als auch durch Jesus Christus, dessen Wort die Apostel und die Gemeinschaft der Glaubenden in der Kirche weitergeben. Gott, der uns in der Bibel anspricht, ist nämlich nach der bedenkenswerten bekannten Gegenüberstellung von *B. Pascal* »nicht der Gott der Philosophen, sondern der Gott Abrahams, Isaaks und Jakobs, der Vater unseres Herrn Jesus Christus«.

Dieser kleine Kommentar beansprucht nicht, alle Fragen zu behandeln, die 2 Kor der heutigen Forschung und jedem einzelnen Leser stellt. Viele Einzelfragen müssen offen und der wissenschaftlichen Exegese vorbehalten bleiben. Der Zielsetzung dieses Kommentars entspricht es, wenn für den Leser unserer Tage wichtigere Abschnitte ausführlicher als andere behandelt werden. Schließlich ist zu beachten, daß sowohl der exegetischen Erklärung als auch der bibeltheologischen Auslegung nur eine dienende Funktion zukommt. Sie dispensieren den Leser nicht vom eigenen Lesen und aufmerksamen Hören (nach Möglichkeit unter Nachschlagen der angegebenen Stellenverweise). Am Ende einer Bibellesung wie auch einer Bibelstunde kann daher nicht das aus diesem oder einem anderen Kommentar geschöpfte Wissen stehen, sondern nur die neue Befähigung und Ermutigung, beim Lesen oder Hören eines Abschnitts selbst immer wieder neu Gott zu vernehmen.

Nach einem alten Vergleich verhält sich jede Übersetzung – auch die hier zugrundliegende, aber mitunter korrigierte Einheitsübersetzung (1980) – zum Urtext immer nur wie die Rückseite eines Bildteppichs zu dessen Vorderseite. Deshalb ist es ratsam, bei der persönlichen Bibellesung oder in Bibelkreisen nicht nur *eine* Übersetzung zu benützen, sondern – sofern nicht der Urtext gelesen werden kann – noch andere zum Vergleich heranzuziehen: etwa die Neo-Vulgata (1979), die revidierte Lutherübersetzung (1984), die Zürcherbibel (1955/1970), das Münchner Neue Testament (1989) oder die Übersetzung von Fridolin Stier (1989).

ERSTER TEIL

Einleitung

1. Vorgeschichte

Um die Aussagen von 2 Kor richtig zu verstehen, ist zunächst der geschichtliche Hintergrund zu beachten. Wie die beiden kanonischen Briefe (1 Kor, 2 Kor) und die freie Darstellung in Apg 18,1–18 bezeugen, hat Paulus die Christengemeinde von Korinth gegründet und dort längere Zeit gewirkt (nach Apg 18 ca. 1½ Jahre, als dort Gallio, ein Bruder des Philosophen Seneca, um 50/51 Proconsul war). Die alte Hafenstadt Korinth »an den zwei Meeren« war 146 v. Chr. von einem römischen Heer zerstört worden; 100 Jahre später wurde hier unter Julius Cäsar eine römische Kolonie gegründet, die bald zu einer ansehnlichen Großstadt mit ca. 100000 Einwohnern heranwuchs. Ihre Bevölkerung war sehr gemischt: römische Veteranen, einheimische Griechen, Zuwanderer aus den östlichen Ländern (darunter sehr viele Sklaven) und auch viele Juden. Die keineswegs bloß aus Armen zusammengesetzte Christengemeinde war vermutlich nicht groß (ca. 100–200 Personen) und spiegelt sozial in etwa das gesamte Bild der Stadt.

Im Neuen Testament ist von vier Schreiben des Apostels die Rede, die er im Hinblick auf die in der jungen Christengemeinde auftretenden Fragen und Auseinandersetzungen an diese richtete. Ihre Abfolge erhellt uns zugleich die Vorgeschichte von 2 Kor.

(1) Nach 1 Kor 5,9 hat Paulus schon vor 1 Kor einen Brief *(Vorbrief)* geschrieben, der im Neuen Testament nicht als eigener Brief enthalten ist. In den apokryphen Acta Pauli wird unter Bezug darauf ein »3. Kor« angeführt; einige Forscher wollen 2 Kor 6,14 – 7,1 als diesen Vorbrief bestimmen.

(2) Der um 54/55 von Ephesus aus (vgl. 1 Kor 16,19) geschriebene *1 Kor* setzt einen einmaligen Besuch (Gründungsbesuch) des Paulus in Korinth voraus (1 Kor 3,6; 4,15; vgl. Apg 18,1–18). Paulus nimmt in diesem Brief zu verschiedenen Streitfragen und Problemen Stellung, über die er informiert wurde (vgl. z.B. 1,11; 5,1; 7,1); er wendet sich gegen Kreise, die Anlaß zu Spaltungen geben, und nimmt zu aufgetretenen Fragen sowie Mißständen und Fehlinterpretationen der christlichen Freiheitsbotschaft Stellung. Der Apostel betont u.a. eindringlich das Ärgernis des Kreuzes (1,18.23; 2,2), gibt autoritative Anweisungen (z.B. 5,1 f.13; 11,33 f) und erinnert an die zentrale Botschaft der Auferstehung der Toten (Kap. 15). In diesem Brief kündigt er außerdem einen neuen längeren Besuch an (1 Kor 16,4–7).

(3) Nach den Angaben von 2 Kor 2,3 f und 7,8 hat Paulus einen weiteren Brief »unter vielen Tränen« an die Gemeinde gerichtet, in dem er sich auf ein ihm persönlich zugefügtes »Unrecht« seitens eines Korinthers bei einem kurzen Zwischenbesuch (nicht bei dem 1 Kor 16,4–7 angekündigten längeren Besuch) bezieht (2 Kor 2,5 ff; 7,12). Vermutlich schrieb Paulus diesen sogenannten *»Tränenbrief«*, in dem er die Gemeinde energisch zur Besinnung und zur Bestrafung des Übeltäters (der nicht mit dem 1 Kor 5,1 ff ausgeschlossenen Blutschänder identisch ist) aufrief, nach seiner Rückkehr vom Zwischenbesuch von Ephesus aus und ließ ihn durch Titus nach Korinth bringen, während er inzwischen auf dessen Rückkehr wartete (vgl. 2 Kor 2,13; 7,6). Viele Forscher vermuten, daß dieser Tränenbrief in den vier Kapiteln 2 Kor 10–13 vorliegt.

(4) Als Abfassungsort setzt 2 *Kor* nach 7,5; 8,1 Mazedonien (Philippi?) voraus (1 Kor 16,5 f äußert Paulus die Absicht, über Mazedonien nach Korinth zu reisen). Kurz vorher war Paulus in Asien (vielleicht während einer Verfolgung in Ephesus; vgl. Apg 19,23) oder auf der Reise über Troas nach Mazedonien (bei einem Schiffbruch?) in eine lebensgefährliche Notsituation geraten (1,8–11). In Mazedonien hatte er durch den aus Korinth zurückkehrenden Titus (7,6 f; nach 2,13 schon in Troas erwartet) die Nachricht über die gute Aufnahme des »Tränenbriefes« erhalten (7,11; vgl. 2,5 f). Dies bewirkte bei ihm einen Umschwung seiner Stimmung und eine Erleichterung in seinen Sorgen. Daß Paulus in

dieser versöhnlichen Stimmung etwa um 55/56 den ganzen vorliegenden 2 Kor schrieb, wird heute von vielen Forschern in Frage gestellt (siehe unten). Sicher ist, daß Paulus schließlich von Mazedonien aus nach Korinth reiste und dort (ca. 56/57) den Römerbrief schrieb (vgl. Röm 16,23; Apg 20,2f).

Der Einblick in die im einzelnen nicht immer klar zu rekonstruierende Vorgeschichte lehrt jedenfalls, daß 2 Kor (bzw. dessen einzelne Abschnitte) im Hinblick auf die keineswegs ruhig und friedlich verlaufene Missionstätigkeit in der Urkirche abgefaßt wurde.

2. Aufbau und Einheit des Briefes

In der vorliegenden Fassung weist 2 Kor hinsichtlich seiner Grundstruktur eine relativ klar erkennbare und in den meisten Textausgaben sowie Kommentaren einheitlich wiedergegebene Struktur auf. Die Untergliederung zeigt indessen häufig Differenzen; sie richtet sich nach der Auslegung der oft unterschiedlich abgegrenzten Texteinheiten. Als Verstehenshilfe sei hier eine Gliederung geboten, die im Kommentar einzeln begründet wird:

	1,1–11	Präskript und Briefeingang
I.	*1,12 – 7,16*	*Bemühen des Paulus um Aussöhnung mit der Gemeinde*
	1,12 – 2,13	Zurückweisung von Verdächtigungen und Vorwürfen
	2,14 – 7,4	Verteidigung der Erhabenheit des apostolischen Amtes
	7,5–16	Freude über die Versöhnung mit der Gemeinde
II.	*8,1 – 9,15*	*Empfehlungen der Kollekte für Jerusalem*
	8,1–24	Erstes Kollektenkapitel
	9,1–15	Zweites Kollektenkapitel
III.	*10,1 – 13,10*	*Große Apologie des Apostels Paulus*
	10,1–18	Zurückweisung gegnerischer Vorwürfe
	11,1–15	Aufweis der Ebenbürtigkeit des Apostels (erster »Selbstruhm«)

11,16 – 12,13	Selbstruhm in Form der »Narrenrede« (zweiter »Selbstruhm«)
12,14 – 13,10	Angaben zur Vorbereitung des dritten Besuchs
13,11–13	Postskript

Bis vor 200 Jahren galt der 2 Kor allgemein als einheitliches Schreiben. Im Brief vorhandene Spannungen wurden durch Diktierpausen bzw. Stimmungswechsel erklärt. In der neueren Forschung, deren Blick durch die Vergleiche mit anderen Schriften und ihre Entstehungsgeschichte (z. B. der Bücher des Alten Testaments) geschärft wurde, erachten viele Ausleger die Unebenheiten und Spannungen als Anzeichen dafür, daß der vorliegende 2 Kor eine Zusammenfügung (Kompilation) mehrerer Fragmente darstellt (Teile aus verschiedenen zwischen 54–56 von Paulus an die Korinther geschriebenen Briefen), die erst Ende des 1. Jahrhunderts zu einem Brief verbunden wurden.

Die in der neueren Forschung erwogenen Teilungen vermögen manche Spannungen und Unebenheiten zu erklären, besonders die Sonderstellung von Kap. 10 – 13, und können daher nicht einfach abgetan werden. Allerdings werfen sie auch die Frage auf, warum und wann so verschiedenartige Brieffragmente zusammengefügt wurden, zumal die ältesten Handschriften von 2 Kor und die ältesten Verweise darauf schon eine einheitliche Fassung voraussetzen. Für das Verständnis der theologischen Aussage von 2 Kor ist die Frage der literarischen Einheitlichkeit von untergeordneter Bedeutung und braucht daher in diesem kleinen Kommentar nicht ausführlich behandelt zu werden.

Um einen Einblick in die Diskussion zu gewähren, ist es ratsam, zunächst die beiden am leichtesten verständlichen Hypothesen vorzustellen.

Kap. 10 – 13, die eine geschlossene Einheit bilden, scheinen wegen des scharfen Tones gegenüber den Gegnern kaum mit den Ausführungen von Kap. 1 – 7 vereinbar, wo Paulus auf eine erfolgte Versöhnung zurückblickt. Daher drängt sich die Vermutung auf, hier liege der 2,4 und 7,8 erwähnte »Tränenbrief« vor, den Paulus unmittelbar nach dem Eklat beim Zwischenbesuch von Ephesus aus schrieb. Allerdings geht Paulus in diesen vier Kapiteln nicht direkt auf den Zwischenfall ein, so

daß diese Ausführungen eher einer anderen Situation zuzuordnen sein dürften.
Kap. 8 – 9 handeln als Kollektenkapitel beide über dasselbe Thema, nehmen aber nicht aufeinander Bezug und weisen auch eine unterschiedliche Terminologie und Argumentation auf. Deshalb wird vermutet, daß hier zwei ursprünglich gesonderte Briefe vorliegen, die erst später zusammengefügt wurden: Kap. 8 als Empfehlungsschreiben für Titus an die Gemeinde von Korinth (noch vor 1 Kor abgefaßt); Kap. 9 als Brief an die Gemeinden von Achaia. Viele Forscher, die Kap. 10 – 13 als einen ursprünglich selbständigen Brief(teil) betrachten, rechnen aber damit, daß die Kap. 8 – 9 von Anfang an zu Kap. 1 – 7 gehörten und zusammen mit diesen ersten Kapiteln den sogenannten »Versöhnungsbrief« darstellen.

2,14 – 7,4 enthält eine in sich geschlossene Darlegung über die Erhabenheit des apostolischen Amtes, die keinen direkten Bezug zu den vorherigen und folgenden Ausführungen aufweist. Außerdem paßt der unmittelbar vorausgehende Vers 2,13 (Aufbruch von Troas nach Mazedonien wegen des Nicht-Eintreffens des Titus) nicht gut zu 2,14 (Lobpreis für den Missionserfolg); ebenso paßt der die Apologie abschließende Vers 7,4 (Ausdruck der Zuversicht und Freude) schlecht zu 7,5 (Unruhe und Angst bei der Ankunft in Mazedonien); hingegen schließt 7,5 fast nahtlos an 2,13 an. Daher scheint vielen Autoren folgende Teilungshypothese plausibel: Die Verse *2,14 – 7,4*, die eine ruhigere Lage voraussetzen, wurden schon *vor* dem Zwischenbesuch geschrieben, als erste Nachrichten über Gegner des Paulus in der Gemeinde zu ihm drangen. Die Abschnitte *1,1 – 2,13* sowie *7,5–16* wurden erst *nach* der durch Titus vermittelten Versöhnung mit der Gemeinde von Korinth geschrieben. Insgesamt ergibt sich bei dieser Hypothese demnach folgende Reihenfolge:

Vor dem Zwischenfall:
- Apologie des apostolischen Amtes (2,14 – 7,4);

nach dem Zwischenfall:
- Tränenbrief (möglicherweise identisch mit Kap. 10 – 13);
- Aussöhnungsworte nach der Rückkehr des Titus (1,1 – 2,13; 7,5–16);

vorher oder nachher:
- Kollektenbriefe (Kap. 8 – 9).

6,14 – 7,1 wirkt durch die Stellung im Kontext (6,13 fügt sich sehr gut 7,2 an) als nachträglicher Einschub. Durch Stil und Thematik unterscheidet sich dieser Abschnitt zudem sehr von den übrigen Aussagen des Apostels Paulus, er weist hingegen eine auffallende Nähe zu jüdischen Ermahnungen auf, wie sie in den Schriften von Qumran belegt sind.

Viele Forscher betrachten daher diese Verse als eine nachträglich eingefügte Glosse (eventuell von Paulus selbst oder auf sein Geheiß). Da sie allerdings in sämtlichen alten Handschriften steht, müßte diese Einfügung schon sehr früh erfolgt sein.

3. Gegner des Paulus

Die Ausführungen des Paulus in 2 Kor sind wesentlich durch die Auseinandersetzung mit seinen Gegnern in der jungen Christengemeinde bestimmt. Diese sind offensichtlich nicht voll identisch mit den durch Weisheit und Geistbegabung aufgeblähten Kreisen, die der Apostel in 1 Kor vor Augen hat. Wahrscheinlich sind sie erst nach dem ersten Besuch des Apostels in Korinth aufgetreten und verursachten das Paulus bei seinem Zwischenbesuch zugefügte »Unrecht« (2 Kor 7,12; 2,5 ff). In der Forschung werden für sie meist drei Charakterisierungen angeboten:

(1) *Judaistische Eindringlinge* aus der Jerusalemer Gemeinde, mit denen sich Paulus schon in Gal auseinandersetzen mußte. Dafür kann angeführt werden, daß sie sich darauf berufen, »Hebräer« zu sein (11,22), Beziehungen zu den Altaposteln geltend machen (11,5; vgl. 5,16) und die besondere Bedeutung des Alten Bundes betonen (vgl. 3,6–16). – Gegen eine solche Bestimmung spricht allerdings, daß eine Auseinandersetzung über die Geltung der Tora in 2 Kor fehlt (anders als in Gal und Röm).

(2) *Gnostische Prediger,* ausgestattet mit Empfehlungsschreiben (3,1; 10,12 ff; 11,4.22), die sich »Apostel« und »Diener Christi« nannten (11,5.23; 12,11), sich auf außergewöhnliche Visionen und Offenbarungen (vgl. 12,1) sowie »Machtzeichen« beriefen (vgl. 12,12). Sie verkündeten eine der späteren Gnosis nahestehende Lehre, die dem einfachen Glauben eine höhere, nur Eingeweihten zugängliche »Erkenntnis« gegenüberstellte; erst ein solches Wissen über Herkunft, Verlorenheit, Bedrohung durch irdische Mächte sowie über den Weg zur Selbstfindung und Rückkehr bringe die volle Erlösung. – Gegen diese Einordnung der Gegner spricht jedoch, daß in 2 Kor wie auch in 1 Kor keine direkten Belege für eine Polemik gegen gnostische Anschauungen zu finden sind.

(3) *Hellenistische Judenchristen,* die als Wander-Prediger in

Kleinasien und Griechenland unterwegs waren und durch ihr persönliches Auftreten, ihre Rednergabe und ihre Machtzeichen, ihre Berufung auf Visionen und eine unmittelbare Christusbeziehung beeindruckten. In ihnen wird im Unterschied zum schwächlichen Paulus die göttliche Macht Christi sozusagen handgreiflich erfahrbar. – Gegen eine solche Klassifizierung spricht, daß sonstige Belege für solche Paulusgegner fehlen.

Da die im Brief enthaltenen Angaben es nicht erlauben, die Gegner des Apostels mit Sicherheit einer dieser Gruppen zuzuordnen, ist der heutige Leser darauf angewiesen, sich ihre im Schreiben selbst klar erkennbaren Züge ständig vor Augen zu halten: Es waren Judenchristen, die mittels Empfehlungsschreiben in der Gemeinde auftraten, die die Autorität des Apostels in Frage stellten und auf Kosten der Gemeinde lebten; ihr Verständnis der Heidenmission unterschied sich von dem des Paulus und gründete vielleicht auf einer einseitigen Auslegung der Abmachungen des Apostelkonzils über die unterschiedlichen Missionsgebiete (Gal 2,9), die Paulus nicht teilte (vgl. 2 Kor 10,12–16). Möglicherweise hat Paulus sie – ihre Zahl war vermutlich sehr klein (etwa drei bis vier?) – in seiner Polemik zu einem Feindbild aufgebaut, das auch die Züge anderer Gegner widerspiegelt.

ZWEITER TEIL

Kommentar

Präskript und Briefeingang (1,1–11)

Bei der Abfassung seiner Briefe folgt Paulus dem zu seiner Zeit üblichen Briefschema, so wie wir heute uns beim Schreiben eines Briefes meist eines vorgegebenen Modells bedienen (Anrede, Dank für erhaltene Post, Frage nach dem Wohlergehen u.ä.). Diesem Brauch entsprechend steht am Anfang von 2 Kor ein Präskript und ein Briefeingang.

Anschrift und Gruß (1,1–2)

Das Präskript von 2 Kor enthält wie das aller Paulusbriefe in leichter Abänderung des damals verbreiteten Briefformulars kurze Angaben über Absender und Adressaten sowie einen Segenswunsch.

V. 1: Schon mit der Selbstvorstellung »Paulus, durch den Willen Gottes Apostel Christi Jesu« (vgl. Gal 1,1; 1 Kor 1,1) betont der Verfasser seine von den Gegnern angefochtene Autorität, für die er auf seine Berufung verweisen kann (vgl. Gal 1,16); durch diese steht er als Apostel (Gesandter) im Dienst des »Christus« (= Messias; hier vielleicht schon zum Eigennamen verblaßt) genannten Jesus von Nazaret. Durch die Erwähnung des Timotheus als Mitabsender (vgl. Phil 1,1; Phlm 1) gibt Paulus dem persönlich gehaltenen Schreiben einen amtlichen Charakter. Durch die Bezeichnung »Bruder« (d.h. Christ) wird dieser jedoch in seiner Stellung vom Apostel unterschieden (vgl. 1 Kor 12,28). Nach 1,19 war er Mitarbeiter des Paulus in Korinth und den Adressaten bekannt (vgl. 1 Kor 4,17; 16,10). Vermutlich war Timotheus auch mit den

Vorgängen beim Zwischenfall (s. Vorgeschichte) vertraut und konnte deshalb als Zeuge die Ausführungen des Apostels unterstreichen. Wie sehr Paulus ihn als Mitarbeiter schätzte, belegt (außer 1 Thess 3,2.6) das ihm ausgestellte Lob in Phil 2,19–21. (Zur Person des Timotheus vgl. noch die Angaben von Apg 16,1–3 sowie 1 Tim 1,2f.18f; 4,12–16; 2 Tim 1,3–8.13f; 3,10f; 4,5.)

»Kirche Gottes« ist eine aus dem Alten Testament (vgl. Ex 19,5f) übernommene Selbstbezeichnung der Christen, die ihren Anspruch belegt, wie das auserwählte Volk Israel Gott in besonderer Weise anzugehören. Ursprünglich wurde damit wie hier nur eine Ortskirche (z.B. 1 Thess 1,1; 1 Kor 1,2) oder eine Hausgemeinde (Phlm 2) bezeichnet, später auch die Großkirche (vermutlich schon Gal 1,13; 1 Kor 15,9; besonders in Eph und Kol). Die angeschriebene »Kirche«, die vermutlich ca. 100–200 Mitglieder umfaßte, befindet sich in der Großstadt Korinth, die eine sehr unterschiedliche hellenistische Bevölkerung aufweist (s.o. S. 11). Mitangesprochen sind alle »Heiligen« (ursprünglich ebenfalls ein Ehrentitel des auserwählten Volkes: die Ausgesonderten, Erwählten), die in der Provinz »Achaia« wohnen. Ob diese eine eigene Gemeinde bilden, wo der Brief vorzulesen ist (vgl. Kol 4,16), oder nur als einzelne bzw. Hausgemeinden in enger Beziehung zur Kirche von Korinth stehen, muß offen bleiben. Der Brief ergeht jedenfalls auch an solche, die selbst nicht in die besprochenen Vorfälle der korinthischen Gemeinde verwickelt sind.

V. 2: Der mit der Anschrift verbundene Segensgruß (vgl. 1 Kor 1,3; Röm 1,7 u.ö.) greift Formulierungen aus der Liturgie auf und spricht den Lesern »Gnade« (Huld Gottes) und »Frieden« (Heil, Leben und Fülle) zu. Diese werden ihnen zuteil »von Gott«, der dank der Vermittlung Christi »unser Vater« genannt wird (vgl. Gal 4,6; Röm 8,15), und dem zum »Herrn« *(kyrios)* erhöhten Jesus Christus. Die zusätzliche Erwähnung Jesu Christi setzt voraus, daß dieser als lebendige Person wie Gott Segen spenden kann.

Die Angabe des Verfassers über seine Berufung zum Apostel verweist den heutigen Leser darauf, daß er in einer Welt lebt, in welcher der unser Begreifen übersteigende Schöpfer des Alls sich einzelnen Menschen besonders kundgetan und sie in seinen besonderen

Dienst genommen hat. Von der Berufung der Propheten im Alten Bund unterscheidet sich die des Paulus durch ihren Bezug zu Jesus Christus, in dessen Dienst sich Paulus gestellt weiß, wie er in diesem Schreiben immer wieder gegenüber jenen verteidigt, die seine Autorität in Frage stellen. Die Selbstvorstellung des Apostels fordert den heutigen Leser dazu auf, dieses Schreiben nicht bloß als irgendeine interessante geschichtliche Information über die Anfänge der Kirche oder als bedenkenswerte Äußerungen eines Großen der menschlichen Geistesgeschichte zu lesen, sondern als ein letztlich von Gott stammendes Wort. Durch den Brief des von ihm berufenen Apostels, der Jesu Wirken fortführt und sich im Einvernehmen mit Timotheus weiß, wendet sich Gott heute noch an jede Ortskirche und die Gesamtkirche, somit an jeden Christen. Diese Botschaft Gottes in der Sprache von Menschen ist wie die Tora des Alten Bundes und die Worte Jesu Christi (vgl. Hebr 1,1f) für alle eine Weisung, die den Weg zur Erlangung des wahren Lebenszieles weist.

Wie die Gemeinde von Korinth ist auch jede heutige Gemeinde »Kirche Gottes«, die Ortskirche nicht weniger als die Gesamtkirche. In der Nachfolge und Vollendung des auserwählten Volkes Israel nimmt sie inmitten der Welt, ob in Städten oder in ländlichen Gegenden, eine Sonderstellung ein. Diese war im christlichen Abendland nicht immer deutlich zu erkennen, prägt aber in der pluralistischen Gesellschaft unserer Tage und der damit vielerorts gegebenen Diasporasituation wieder ihre Existenz. In diesem Zusammenhang betonen die Worte der Bibel: Wie dem Volk Israel die Berufung, »Kirche Gottes« zu sein, im Hinblick auf die Völker zuteil wurde (vgl. Gen 12,3; Jes 2,3f; 49,6), so kommt eine solche Sendung für die gewaltig angewachsene Gesamtmenschheit auch den christlichen Kirchen von heute zu (vgl. Mt 5,13–16). Im Blick auf diese jeder Kirche anvertraute Aufgabe ist sie verpflichtet, sich immer neu an Gottes Wort auszurichten, um ihrer Sendung treu zu bleiben.

Der Segensgruß – im Namen Gottes gesprochen – gilt ebenso wie den Erstadressaten allen heutigen Lesern des Briefes: Gott, den wir dank der Botschaft Jesu als Getaufte unseren Vater nennen dürfen, sagt uns sündigen Menschen damit seine »Gnade« (Huld) und seinen »Frieden« (Heil, Lebensfülle) zu. Dieser Segen ergeht zugleich im Namen des erhöhten Herrn Jesus Christus, dem wir unsere Existenz als Kirche verdanken. Wir sind also nicht erbarmungslos bösen Mächten oder einem blinden Schicksal preisgegeben, sondern umfangen von Gottes Güte, Liebe und Macht.

Briefeingang (1,3–11)

Wie in anderen Briefen (ausgenommen Gal) beginnt Paulus mit einem besonderen Lobpreis, den er zunächst allgemein (VV. 3–7) und dann durch einen Rückblick (VV. 8–11) auf seine Erfahrung in den letzten Wochen und Monaten erläutert. In gedrängter, zum Teil liturgischer Sprache klingen hier Grundmotive seines Briefes an: die Deutung seiner Bedrängnis als Trost für andere und als Bewahrung vor falschem Selbstvertrauen.

V. 3: Die jüdische Wendung »gepriesen sei Gott« ergänzt Paulus zunächst durch die Näherbestimmung Gottes als »Vater unseres Herrn Jesus Christus« (vgl. Gen 24,27): Jesus hat ihn »Vater« (»Abba«) genannt (Mk 14,36) und stammt in einer jedes menschliche Begreifen übersteigenden Weise von ihm ab (vgl. Gal 4,4). Außerdem nennt Paulus in hebraisierender Sprache Gott den »Vater des Erbarmens« (den väterlich-mütterlichen Urgrund allen Erbarmens, vgl. Jes 54,8; Hos 11,8f) und den »Gott allen Trostes« (der Bedrängte tröstet, ermutigt und heilend aufrichtet; vgl. Jes 25,8). V. 4: Als solchen hat er Gott in seiner Bedrängnis (V. 8f; vgl. 11,23–27; 1 Kor 4,11–13) erfahren. Wie das geschah, schreibt Paulus nicht; wesentlich ist ihm, daß er diesen Trost nicht bloß um seinetwillen erhielt, sondern für die ihm gestellte apostolische Aufgabe: damit er mit demselben von Gott stammenden Trost (nicht mit allgemeinen Worten) auch alle ermutigen und stärken kann, die Bedrängnisse erleiden und dadurch entmutigt werden. Mit »uns« (bzw. »wir«) bezeichnet Paulus hier wie auch sonst oft in diesem Brief – einem damaligen schriftstellerischen Brauch folgend – sich selbst. Vielleicht gibt er damit auch zu erkennen, daß das, was seine eigene Person betrifft, eine überindividuelle Bedeutung für alle Apostel und in etwa für alle Christen hat.

V. 5: Die Befähigung zu dieser besonderen Tröstung hat ihren Grund in der außergewöhnlichen Teilhabe des Paulus an den »Leiden Christi«; er weiß sich durch Taufe und Berufung in die Passion Jesu einbezogen (vgl. 4,10; Gal 2,19f; Phil 3,10; Röm 8,17). Diese

Leidensgemeinschaft bewirkt »durch Christus« aber auch eine Teilhabe an seinem Trost, die sich auf die Leser auswirkt. V. 6: Die ihm widerfahrenden Bedrängnisse betrachtet Paulus ganz im Blick auf die jetzige Tröstung (Ermutigung) und das endzeitliche »Heil« (die Errettung aus Sünde und Tod, vgl. 1 Kor 3,15; 5,5; 9,22; Röm 5,9) der Korinther. Dasselbe gilt für seine eigene Erfahrung des Trostes: Sie dient dazu, die Korinther zu befähigen, daß sie in Geduld die gleichen Leiden wie der Apostel ertragen. V. 7: Angesichts der ihm geschenkten Ermutigung beteuert Paulus seine feste Hoffnung; er weiß um die Teilhabe der Korinther an den Leiden Christi ebenso wie an seinem österlichen Trost. Die Adressaten dürfen sich deshalb auf das Gesagte verlassen.

V. 8: Mit der Anrede »Brüder« (als Bezeichnung für Christen umfaßt sie auch die »Schwestern«; vgl. Phil 4,1 f) weist Paulus im zweiten Teil des Briefeingangs die Korinther, die ihm nicht alle wohlgesonnen sind (s. Vorgeschichte), besonders auf seine zuletzt überstark erfahrene Bedrängnis hin. Es ist unklar, ob er auf eine schwere Gefangenschaft bzw. Mißhandlung in Ephesus, der Hauptstadt der Provinz Asia, anspielt (vgl. Apg 19,23–40) oder auf eine lebensgefährliche Bedrohung (Schiffbruch bzw. Erkrankung) während der Reise nach Troas. Klar aber sagt er, daß diese Situation ihn in äußerste Gefahr brachte und er sogar am Leben verzweifelte. V. 9: Paulus sieht in der Erfahrung dieser Preisgabe an den Tod (»Todesurteil«) einen heilspädagogischen Sinn: »damit« (wörtlich) er sein Vertrauen auf Gott setzt, der sich durch die Macht über den Tod gerade als Gott erweist (vgl. Röm 4,17). Die Rettung soll ihn also vor falschem Selbstvertrauen bewahren (vgl. 4,7; 1 Kor 1,31). (Nach der Einheitsübersetzung hat Paulus im Wissen um dieses Ziel [»weil ...«] die tödliche Gefahr vertrauensvoll »hingenommen«). V. 10: Die Errettung aus einem solchen »Tod« (wörtlich; Todesgefahr wird damaligem Verständnis gemäß schon als Tod bewertet; vgl. Ps 88) gibt Paulus die Hoffnung, auch in Zukunft errettet zu werden, bis er seinen Auftrag erfüllt hat. (Der Gedanke an die endgültige Errettung in der Auferstehung der Toten drängt sich zwar auf, ist hier aber nicht ausgesprochen.) V. 11: An dieser Bewahrung des Paulus für sein apostolisches Wirken können die Korinther durch ihr Beten mithelfen (vgl. Röm 15,30 f). Damit tragen sie zugleich dazu bei, daß viele Gott für das dem Apostel gewährte Gnadengeschenk seines Wirkens danken. Mit dieser Erwähnung des Dankes seitens vieler rundet Paulus die mit einem Dank (Lobpreis) begonnene Briefeinleitung ab.

Durch den Briefeingang werden wir alle von Gott eingeladen, ihn, den Urgrund von allem, nicht bloß als höchstes Wesen ehrfurchtsvoll zu bestaunen, sondern ihn dankend zu preisen als den »Vater Jesu Christi«, der sich gütig der Sünder annimmt und alle Leidenden tröstend ermutigt. Er überläßt uns nicht teilnahmslos den mannigfaltigen Nöten dieser Zeit, wie wir Menschen – von Ijob bis zu den modernen Dichtern – es oft empfinden und gegen die Existenz Gottes ins Feld führen. Mit diesen Worten fordert er uns zugleich auf, unser »Bild« von ihm immer wieder zu korrigieren.

Diese Bibelworte berechtigen auch dazu, in der Erfahrung des Trostes eine Befähigung zu sehen, anderen Menschen in ihren Nöten Lebensmut zu vermitteln. Solche Ermächtigung gründet aber nicht in menschlichen Überlegungen oder Analysen, sondern in der Teilhabe am Schicksal Jesu Christi, seinem Leiden und der uns dadurch vermittelten Kraft. In dieser Sicht dürfen wir Bedrängnisse wie auch gnadenhafte Tröstungen als uns angebotene Möglichkeiten werten, anderen auf ihrem Lebensweg zu helfen und zu ihrer Rettung beizutragen.

Als Heilige Schrift erhält die von Paulus gebotene Sinngebung seiner Not in der Provinz Asia besonderes Gewicht. Die Frage nach dem Sinn des Leidens bleibt zwar selbst für uns Christen immer wieder ein bedrängendes Problem und kann nicht vorschnell mit fromm klingenden Worten beantwortet werden. Doch dürfen wir mit dem Apostel auch überlegen, ob Nöte und Mühen uns nicht anleiten, unser Vertrauen ganz auf Gott und nicht auf eigene Leistungen zu setzen. In diesem Sinn haben die Ohnmachtserfahrungen in unserem Leben und vor allem in unserem Sterben große Bedeutung.

Die abschließende Aufforderung zum Bittgebet und dessen Zielangabe, daß viele Menschen für die dem Apostel geschenkte Gnade danken, sagen uns: Gott nimmt die Menschen als seine Mitarbeiter (1 Kor 3,9) sehr ernst, da ihr Wirken mit dazu beiträgt, daß immer mehr Menschen auf seine Gnadengeschenke mit Dank antworten, zu seiner größeren Ehre (vgl. 4,15).

I. Bemühen des Paulus um Aussöhnung mit der Gemeinde (1,12 – 7,16)

In diesem ersten Teil des vorliegenden Briefes weist Paulus zunächst die in Korinth geäußerte Kritik an seinem Verhalten nach dem Zwischenfall (s. Vorgeschichte) zurück (1,12 – 2,13), bietet dann eine ausführliche Verteidigung seines apostolischen Amtes (2,14 – 7,4) und geht abschließend auf die sich anbahnende Aussöhnung mit der Gemeinde ein (7,5–16). Wenn der Apostel die mehr biographischen Ausführungen durch eine grundsätzliche Darlegung über sein Amt unterbricht, deutet dies an, daß die Kritik sich wesentlich an seinem Amtsverständnis und der Ausübung dieses Amtes entzündete.

1. Zurückweisung von Verdächtigungen und Vorwürfen (1,12 – 2,13)

Der Apostel beginnt die Klärung der zwischen ihm und der Gemeinde bestehenden Spannungen, indem er zunächst seine Lauterkeit beteuert (1,12–14), dann näher auf den Vorwurf wegen der Änderung seines Reiseplans eingeht (1,15 – 2,4), sich direkt um die Bereinigung des Zerwürfnisses bemüht (2,5–11) und kurz über sein vergebliches Warten in Troas auf entsprechende Nachrichten aus Korinth berichtet (2,12–13).

Beteuerung der Aufrichtigkeit und Lauterkeit des Apostels (1,12–14)

Wenn Paulus sich in dieser Einleitung seiner »Lauterkeit« rühmt, tut er das in Frontstellung gegen das Sich-Selbst-Rühmen der Gegner, die ihm unredliche Motive unterstellen und sein Verhältnis zur Gemeinde trüben; dabei ist er doch ihr »Ruhmestitel« (Grund zum Rühmen), wie auch sie am Ende der seinige sein werden.

V. 12: Mit »Ruhm« (wörtlich: »unser Rühmen«) greift Paulus offensichtlich (wie auch später noch häufig in diesem Brief) ein Schlagwort der Gegner auf, das diese offenbar verwendeten, um sich ihrer Autorität gegenüber Paulus zu »rühmen« (vgl. bes. 11,20; 12,1.5.6). Wegen der vielen Verdächtigungen (z.B. zur Kollekte, vgl. 12,16–18), die auch durch den »Tränenbrief« (vgl. 2,4; 7,8) und den Besuch des Titus noch nicht vollständig ausgeräumt sind, betont er zunächst allgemein seine »Aufrichtigkeit und Lauterkeit«. Ihrer darf er sich – anders als die Gegner (vgl. 2,17) – guten Gewissens rühmen. Den Doppelbegriff bestimmt er näher durch den Bezug auf Gott – es geht um Gott auszeichnende und von ihm, nicht von Menschen stammende Verhaltensweisen – und grenzt ihn ab von »fleischlicher [wörtlich] Weisheit« (vgl. 10,2), d.h. vom egoistischen, verschlagenen Trachten, im Unterschied zu einem von Gottes Gnade geleiteten »Wandel« (wörtlich). (Diese Gegenüberstellung entspricht in etwa der vom Wandel »nach dem Fleisch« und »nach dem Geiste«; in Röm 8,4–8.) V. 13: Dies gilt konkret auch für die Briefe des Paulus, denen die Gegner wohl die Ehrlichkeit absprechen (s. zu 1,15 f; 2,3 f). Er hofft, daß die Korinther sie einmal – anders als bisher – ganz verstehen werden. V. 14: Angeregt durch das Stichwort »verstehen« (erkennen), beschließt Paulus diesen Abschnitt rhetorisch kunstvoll (vgl. die Entsprechung von »Ruhm« V. 12 und »Ruhmestitel« V. 14): Wie die Briefe, so haben sie zum Teil auch ihn selbst (»uns«) schon als ihren »Ruhmestitel« erkannt, auf den sie sich im Endgericht bei der Parusie (vgl. 5,10; 1 Kor 1,8) stolz berufen dürfen; ähnlich wird Paulus dann auf sie als seinen »Ruhmestitel« verweisen (Phil 2,16; vgl. 1 Thess 2,19). Durch den Bezug auf den »Tag des Herrn«, der das Verborgene ans Licht bringen wird (vgl. 1 Kor 4,5), erhält die Beteuerung der Lauterkeit besonderes Gewicht.

Durch diesen zunächst ganz auf die Situation der Gemeinde von Korinth zugeschnittenen Abschnitt wird dem heutigen Leser von Gott gesagt: Schon in den ersten Jahrhunderten gab es Verdächtigungen, bedingt durch Geltungsdrang und Ruhmsucht. Dürfen wir uns wundern, wenn dies auch in den späteren Jahrhunderten der Kirche und heute noch der Fall ist? Demgegenüber werden wir gewarnt, uns selbst und auch der Kirche durch Unehrlichkeit und heimliche Machenschaften (»Werke des Fleisches«, Gal 5,19–21) Vorteile, Ehre und Ruhm verschaffen zu wollen. Der uns durch die Paulusworte gewiesene Weg ist ein anderer: sich zu öffnen für einen Wandel, der der Lauterkeit und Liebe Gottes entspricht und mit einem reinen Herzen erfolgt (vgl. Mt 5,8 sowie »die Frucht des Geistes« Gal 5,22–24). Solcher Wandel verschafft uns das »Zeugnis eines guten Gewissens« und sogar – bei aller notwendigen Zurückhaltung (vgl. 11,16; 12,1) – das Recht, uns in Auseinandersetzungen seiner zu rühmen, wissend, daß der echte »Ruhm« uns erst bei der endgültigen Offenbarung des Herrn zuteil wird.

Der wahre Grund für die Änderung des Reiseplanes (1,15 – 2,4)

Paulus hatte nach dem Zwischenfall die angekündigte Reiseroute geändert, was ihm seitens der Korinther herbe Kritik eintrug. Er beteuerte demgegenüber seine in Gottes Treue verwurzelte Wahrhaftigkeit und gibt dann die wahren Gründe für die Änderung des Reiseplanes an.

V. 15 f: Getragen von der vorher (V. 14) betonten engen Verbindung mit der Gemeinde, hat Paulus ihr – vermutlich bei seinem Zwischenbesuch (s. Vorgeschichte) – einen weiteren Besuch (nach dem Gründungsbesuch, vgl. 1 Kor 16,5) als »zweite Gnade« – ein neues Gnadengeschenk für die Korinther – in Aussicht gestellt, um erst dann nach Mazedonien zu reisen. (Möglich ist auch, daß »eine zweite Gnade« den – beim Zwischenbesuch angekündigten – doppelten Besuch bei ihnen meint: vor der Reise nach Mazedonien und auf der Rückkehr von dort; V. 16.) V. 17: Paulus hat diesen Reiseplan nicht eingehalten. Die Gegner, die die wahren Gründe für die Änderung des Reiseplans (vgl. 1,23 ff.) nicht kannten oder achteten, bezichtigten ihn deshalb der Wankelmütigkeit und Unwahrhaftigkeit, als wäre für ein ein »Ja, Ja« zugleich ein »Nein, Nein« (wörtlich).

V. 18: Unter Verwendung eines alten Treueschwurs (vgl. 1 Kor 10,13) ruft er Gott zum Bürgen für seine Wahrhaftigkeit an. Dabei bezieht er »unser Wort« nicht bloß auf den Reiseplan, sondern auf seine gesamte Verkündigung. V. 19 f: Ihr Inhalt läßt sich anhand der zitierten Kurzformel »Gottes Sohn – Jesus Christus« verdeutlichen: Jesus von Nazaret ist der verheißene Christus (Messias), und zwar als »Sohn Gottes« (4,5; vgl. Gal 1,16; 4,4; Röm 1,3; 8,32; Apg 9,20; für Paulus ist »Sohn Gottes« nicht bloß Amtstitel [inthronisierter König, vgl. Ps 2,7], sondern Herkunftsbezeichnung). Als der von Paulus in Übereinstimmung mit seinen Mitarbeitern (vgl. 1 Kor 15,11) Verkündigte ist er das eindeutige »Ja« Gottes zu den Verheißungen und damit die Bekräftigung von Gottes Treue und Wahrhaftigkeit. Deshalb kann auch die Gemeinde bei ihrem Gottesdienst, auf den Paulus hier anspielt, »durch ihn« (in der Verbindung mit Christus) das »Amen« (Ja) zu Gott und zum Lob Gottes sprechen.

V. 21f: Die in der Liturgie zum Ausdruck kommende und die Wahrhaftigkeit des Paulus wie aller Christen fordernde Einheit mit Christus hat ihren Grund in der Taufe. Diese wird hier gedeutet als von Gott bewirktes »Festigen auf Christus hin« (wörtlich), »Salben« (wie bei Propheten, Königen und Priestern im Alten Bund), »Besiegeln« (Zeichen der Zugehörigkeit) und als »Verleihen des Geistes als Angeld in unseren Herzen« (wörtlich), d.h. als die jetzt schon erfolgte Teilhabe an Gottes Lebensodem im Blick auf ihre Vollendung bei der endzeitlichen Verherrlichung (5,10; vgl. Röm 8,11.23).

V. 23: Markanter noch als vorher (V. 18) ruft Paulus jetzt mit einer Schwurformel Gott zum Zeugen dafür an, daß er den Korinthern den wahren Grund seines Reiseaufschubs eröffnet: Aus Rücksicht auf sie wollte er ihnen ein hartes Auftreten ersparen. V. 24: Er unterstreicht dieses Motiv mit dem Hinweis auf sein Verhältnis zu ihnen: Er versteht sich und seine Helfer nicht als »Herren eures Glaubens«, die nach Art irdischer Herrscher befehlen (vgl. Lk 22,25f), sondern als »Mitarbeiter eurer Freude« (wörtlich), die mit ihnen brüderlich zusammenarbeiten. So soll ihre Freude trotz äußerer Nöte bleiben und wachsen, wie es sich für jene, »die im Glauben feststehen« (wörtlich), geziemt (vgl. Röm 5,2; Eph 3,17; Phil 4,1; Kol 1,23).

Kap. 2,1: Als konkreten Grund für den Aufschub nennt Paulus: Ein sofortiger Besuch hätte statt Freude »wieder« (wie bei der Zwischenbegegnung) nur Trauer gebracht; er hätte nämlich die am Vorfall Schuldigen (s. Vorgeschichte) kraft seiner apostolischen Vollmacht (13,2; vgl. 1 Kor 4,21) zur Rechenschaft ziehen und strafen müssen. V. 3: Statt eines solchen unangebrachten Besuchs hat Paulus deshalb einen Brief geschrieben, der dem gegenwärtigen vorausliegt. V. 4: Wohl um Verständnis für dieses Schreiben zu wecken, das den Korinthern schon bekannt ist (7,8), berichtet Paulus, mit welchem Kummer er ihnen »unter vielen Tränen« schrieb (daher die geläufige Bezeichnung »Tränenbrief«). So entschieden er diesen Brief auch abfaßte (vgl. 10,11), wollte er sie doch nicht »betrüben«, wie seine Forderung nach einer Bestrafung gedeutet werden konnte und wurde (7,8), sondern ihnen seine auch nach dem Zwischenfall bestehende Liebe zeigen. Die »große Bedrängnis und Herzensangst« (wörtlich) sind ja Ausdruck dafür, wie nahe ihm persönlich die Vorgänge in der Gemeinde gingen.

Durch diese Paulusworte werden wir von Gott angehalten, unser tägliches Verhalten in Verbindung mit den Grundwahrheiten des Glaubens zu betrachten und uns dafür nicht bloß auf Gebote zu berufen. So gründet die Forderung, in allem wahrhaftig zu sein, im Kernstück unseres Glaubens, dem Bekenntnis zu Jesus Christus, dem Sohn Gottes, und der damit verbundenen Liturgie aller Getauften: Gott hat durch die Sendung seines Sohnes die Verheißungen an die Väter bestätigt und uns sein endgültiges, unwiderrufliches »Ja« zugesprochen; jeden Getauften hat er dadurch befähigt, in das »Amen« durch Jesus Christus einzustimmen. Wer durch die Taufe so innig von Gott mit Christus verbunden wurde und schon ersten Anteil an seinem Lebensodem erhielt, in dessen Leben haben Unwahrheit und Wankelmütigkeit keinen Platz.

Alle, denen in der Kirche ein Amt übertragen ist, werden durch diese Aussagen des Apostels über sich und seine Mitarbeiter gemahnt, sich niemals als »Herren des Glaubens« der ihnen Anvertrauten, sondern immer nur als geschwisterliche »Mitarbeiter ihrer Freude« zu verstehen. Das gemeinsame Bemühen um die Freude der anderen muß davor bewahren, andere bloß als Untertanen oder gar als Mittel zur Befriedigung des eigenen Macht- und Geltungsbedürfnisses zu mißbrauchen (vgl. 1 Petr 5,2f). Selbst dort, wo wie in Korinth ein hartes Vorgehen notwendig ist, muß es immer von der Liebe geleitet und auf die Freude aller hingeordnet sein.

Daß Paulus statt eines Besuchs zunächst einen Brief schreibt, lehrt, daß es aus pastoralen Gründen mitunter klug sein kann, einen gefaßten und geäußerten Plan zu ändern. Wesentlich ist, aus welcher Herzensgesinnung eine solche Änderung erfolgt.

Bereinigung des Zerwürfnisses zwischen Apostel und Gemeinde (2,5–11)

Mit wenigen Worten geht der Apostel hier direkt auf den Zwischenfall ein und gibt zu verstehen, wie sehr ihm an einer Bereinigung dieser Angelegenheit im Interesse aller liegt.

V. 5: Paulus greift das Stichwort »Betrübnis« (V. 4) auf und lenkt mit Bezug auf den Urheber des traurigen Zwischenfalls die Aufmerksamkeit von sich weg auf die Gemeinde. Diese hatte sich größtenteils bei dem wohl öffentlichen Angriff durch einen namentlich nicht genannten »Übeltäter« (7,12; siehe Vorgeschichte) nicht gleich von diesem distanziert, obwohl er offenbar auf Betreiben von Eindringlingen die apostolische Autorität des Paulus in Frage stellte. Dadurch ließ sich die Gemeinde selbst ins Unrecht setzen. V. 6: Wie Paulus jetzt von Titus weiß (vgl. 7,6–11), hat die Mehrheit inzwischen – veranlaßt durch den »Tränenbrief« – dem Schuldigen eine Strafe auferlegt (zeitweiliger Ausschluß aus der Gemeinde; anders 1 Kor 5,5), die diesen zur Reue führte.

V. 7f: Damit der reuige Übeltäter nicht durch übermäßige Trauer in Verzweiflung falle und in seinem Glauben gefährdet werde, bittet Paulus die Korinther, ihn zu begnadigen und zu trösten. V. 9: Der Apostel unterstreicht dies, indem er unter Bezug auf die scheinbar entgegengesetzte Forderung im Tränenbrief nun ein Motiv anführt, das seine Bitte ins rechte Licht setzen soll: Es ging ihm nicht um seine Person, sondern um den Gehorsam gegenüber seiner apostolischen Botschaft (10,5; vgl. Röm 1,5; 10,16; 1 Kor 4,16–21), der durch den Vorfall in Frage gestellt schien.

V. 10: Der erwarteten Begnadigung durch die Gemeinde stimmt Paulus schon im voraus zu. Durch die rhetorische Einschränkung »wenn ich etwas verziehen habe« (wörtlich) deutet er an, daß es letztlich gar nicht um seine Person geht. Er schließt sich dem Gnadenakt der Korinther »im Angesicht Christi« an, d.h. im Blick auf den erhöhten Herrn und Richter (vgl. 1 Kor 4,4f; vgl. auch Mt 18,18–20). V. 11: Ein weiteres Motiv für das Verzeihen sieht Paulus in der drohenden Gefährdung durch Satan, der unter dem Vorwand, für die Gerechtigkeit einzutreten, zu Lieblosigkeit und Streit verführt. Mit einer solchen Versuchung zum Bösen unter dem Anschein des Guten rechnet der Apostel (vgl. 11,3.14f; 12,7;

1 Kor 7,5; 1 Thess 2,18) ebenso wie Jesus (vgl. Mt 6,13; Lk 22,31).

Dieser Abschnitt zeigt uns, wie Paulus einen entstandenen Konflikt mit der Gemeinde ganz im Geiste Jesu und »im Angesicht Christi« löst. Als Wort Gottes lädt diese Schilderung dabei alle heutigen Leser ein, die in ihren Gemeinden auftretenden Konflikte auf ähnliche Weise zu lösen: nicht durch unnachgiebiges Beharren auf dem Rechtsstandpunkt und starres Festhalten an einmal gegebenen Anweisungen, sondern durch ein von der Liebe getragenes, auf das Wohl aller, auch der schuldig Gewordenen, bedachtes Vorgehen. Dies fordert Flexibilität, die Tugend der Epikie (Angemessenheit), vor allem aber die ständig neue Orientierung »im Angesicht Christi«.

Nicht zuletzt geben uns diese Paulusworte zu bedenken, daß wir auch bei innerkirchlichen Auseinandersetzungen unter dem Anschein des Guten zum Bösen verleitet werden können. Die christliche Tradition fordert deshalb eine »Unterscheidung der Geister« (vgl. 1 Kor 12,10): Nicht jede gut scheinende Anregung stammt von Gottes Geist. Aufgrund von Einsichten in die menschliche Psyche, die dazu neigt, drohende Gefahren zu personifizieren, rechnen wir heute zwar nicht mehr mit einem Wirken Satans in der früher vorgestellten Weise (vgl. zu 12,7). Daraus folgt aber keineswegs, daß wir nicht ebenso wie Paulus mit einer Macht des »Bösen« rechnen müssen, die uns in einer unsere persönlichen Kräfte übersteigenden Weise versucht und darum höchste Wachsamkeit erfordert. Anstatt diese mythisch »Satan« zu nennen, verwenden wir heute dafür oft aus der Psychologie stammende, aber niemals die ganze Tiefendimension erfassende Namen wie Emotionen, Aggressivität, Massenpsychose; diese Begriffe vermögen jedoch ebenso wenig wie frühere Bezeichnungen die volle Wirklichkeit der unser Leben bedrohenden Kräfte adäquat zu erfassen und auszusprechen.

Sehnsüchtiges Warten auf Titus und dessen Nachrichten (2,12–13)

Die kurze Reisenotiz zeigt, wie sehr Paulus an einer Aussöhnung der Gemeinde interessiert ist.

V. 12: Paulus reiste von Ephesus, von wo er nach dem Zwischenfall den Tränenbrief geschrieben hatte (2,3 f; 7,8), nach Troas im Nordwesten Kleinasiens, wo er eine »geöffnete Tür im Herrn« (wörtlich) für das Evangelium fand (vgl. Apg 16,8 ff.; 20,6). V. 13: Trotz dieses ihm geschenkten Missionserfolgs kam er dort innerlich nicht zur Ruhe; denn er traf Titus nicht an, seinen aus Antiochien stammenden Mitarbeiter, der ihn beim Apostelkonzil in Jerusalem begleitete (Gal 2,1.3). Diesen hatte er mit dem Tränenbrief nach Korinth geschickt (2,3 f), da er dort offenbar in gutem Ruf stand (8,6; vgl. auch das Lob in 8,16.23), von ihm erwartete Paulus sehnsüchtig eine Nachricht über die Gemeinde. (Nach dem an ihn adressierten späteren Brief wurde er von Paulus für den christlichen Glauben gewonnen [Tit 1,4] und als Bischof auf Kreta zurückgelassen [Tit 1,5]; 2 Tim 4,10 zufolge ging er dann nach Dalmatien.) Um Titus baldigst zu treffen, brach Paulus seine erfolgreiche Missionstätigkeit in Troas ab und reiste ihm auf dem Landweg nach Mazedonien entgegen, wo er ihn dann auch traf, wie er weiter unten schreibt (7,6 f). Die Reisenotiz wird erst 7,5.13–16 weitergeführt.

Diese beiden Verse bieten uns einen meist wenig beachteten Einblick in das Leben des Paulus: Er ist so herzlich mit einzelnen Gemeinden verbunden (vgl. 1 Thess 1,7 f; Phil 1,7 f; 4,1), daß selbst große Missionserfolge ihn nicht von seinen Sorgen um diese ablenken und er unter Umständen sogar eine begonnene Arbeit zurückläßt, um rascher eine ersehnte Nachricht von ihnen zu erhalten. Als Wort Gottes kündet uns diese Notiz, daß apostolisches, letztlich vom Herrn ausgehendes Wirken zutiefst menschliches Empfinden und Handeln keineswegs ausschließt.

2. Verteidigung der Erhabenheit des paulinischen Amtes (2,14 – 7,4)

Dieser Briefteil bildet eine in sich geschlossene und sachliche Darlegung über das Amt des Apostels (ausgenommen 6,14 – 7,1), ohne direkten Bezug auf die Paulus beim Zwischenbesuch zugefügte Kränkung zu nehmen. Deshalb wird, wie oben (S. 14–15) ausgeführt, heute diskutiert, ob Paulus diesen Abschnitt vor dem »Zwischenfall« abfaßte, als erste Nachrichten über Angriffe auf seine Autorität zu ihm drangen, oder erst nach diesem. Im zweiten Fall könnte dieser Abschnitt Teil des »Tränenbriefes« sein (ähnlich wie Kap. 10 – 13) oder aber Teil eines Versöhnungsbriefes (Kap. 1 – 8), den Paulus abfaßte, als er Nachrichten über die gute Aufnahme des »Tränenbriefs« (vgl. 7,7f) erhielt. Für die theologische Auslegung (anders als für die historische Fragestellung) ist diese Zuordnung aber nicht von großem Gewicht und kann hier außer Betracht bleiben.

Nach einer doppelgliedrigen Einleitung (2,14 – 3,3) erörtert der Apostel das ihm anvertraute hohe Amt durch Vergleiche mit dem des Mose und zieht die Folgerungen daraus (3,4 – 4,6). Ausführlich geht er dann auf die in Kontrast zur Hoheit des Dienstes stehende Niedrigkeit seines Wirkens ein, die er in Verbindung mit der Tötung Jesu und der Hoffnung auf die Auferstehung betrachtet (4,7 – 5,10). Durch die Infragestellung seiner Autorität gezwungen, verweist er auf Christi Liebestat als tiefsten Beweggrund seines Wirkens und der Ausübung des ihm anvertrauten Dienstes der Versöhnung (5,11 – 6,10). Paulus beschließt diese Ausführungen mit einer eindringlichen Ermahnung an die Korinther (6,11 – 7,4).

Lobpreis für den apostolischen Dienst (2,14–17)

In Form eines Lobpreises betont Paulus zu Beginn der Darlegungen über sein Amt, daß er es ganz Gott verdankt und nur dank der Befähigung durch Gott ausüben kann. Auf diese Weise hilft er den Lesern, seine Amtsausübung von der seiner Gegner zu unterscheiden.

V. 14: Die liturgisch klingende Einleitung »Dank sei Gott« (vgl. 8,16; 1 Kor 15,57) kennzeichnet diesen Abschnitt als Hymnus. Diese Redeform verwendet Paulus hier (ähnlich wie in manchen Briefeingängen, z.B. 1,3–7; 1 Kor 1,4–9), um Gott für die ihm zuteil gewordene Sendung zu danken und sie zugleich gegenüber gegnerischen Angriffen ins rechte Licht zu stellen. Im Bild des Triumphzugs eines aus dem Krieg heimkehrenden Feldherrn, das den Erstlesern vertraut war (vgl. Kol 2,15), schildert der Apostel sein erfolgreiches Wirken (vgl. 2,12) als ihm von Gott geschenkte Teilnahme am Triumph Christi. Er sieht sich dabei wohl nicht als mitgeführter Gefangener (vgl. die Selbstbezeichnung »Sklave Christi« in Röm 1,1), sondern als siegreicher Mitkämpfer (vgl. 2 Tim 4,8). Von der Vorstellung eines Triumphzugs, bei dem der Duft des Weihrauchs die Luft erfüllte, ist auch das Bildwort »Duft seiner Erkenntnis« (wörtlich) geprägt: Gemeint ist die von Gott durch die Apostel (»durch uns«) kundgemachte lebenspendende Erkenntnis seines Handelns in Christi Leben, Leiden und Auferstehen. V. 15: Aber nicht bloß die Predigt, sondern – nach dem hier vorliegenden Bildwechsel – die Prediger selbst sind »Wohlgeruch Christi«, da sie durch ihre ganze Existenz sein Evangelium unter allen Menschen wie Weihrauch verbreiten (vgl. Sir 39,14). Dieses Bild assoziiert bei Paulus außerdem die Deutung seines Dienstes als »Opfer« (Phil 2,17; vgl. 4,18); doch liegt darauf nicht der Akzent, wie die Angabe über die doppelte Wirkung zeigt (vgl. 1 Kor 1,18).

V. 16: Bei den einen bewirkt die apostolische Predigt, daß ihre durch Sünde und Verweigerung des Glaubens bedingte Todesverfallenheit zum endgültigen, ewigen Tod führt und sie dadurch verloren gehen (vgl. Joh 3,18); bei den anderen hingegen bewirkt die Verkündigung des Apostels, daß das in ihnen schon vorhandene »Leben« (trotz Verstrickung in die Sünde) durch die Annahme des Evangeliums »zum Leben« (wörtlich) im vollen Sinn führt, sie also für immer gerettet werden. Angesichts dieser weitreichenden, über ewigen Tod und ewiges Leben entscheidenden Auswirkung der apostolischen Tätigkeit stellt sich die Frage, die vermutlich auch die Gegner des Paulus vorbrachten: Welcher Mensch ist dazu »fähig« (vgl. 3,4f)? V. 17: Ohne darauf direkt zu antworten, grenzt Paulus zunächst seinen Dienst von dem der Gegner ab, die das Evangelium (hier »Wort Gottes« genannt) nach Art von Weinpantschern verwässern, um besser daran zu verdienen (alte Lutherübersetzung: »verhökern«). Paulus spielt offenbar darauf an, daß in die Gemeinde eingedrungene Irrlehrer den Korinthern das Evangelium schmackhafter machten, indem sie es abschwächten und – ähnlich wie damalige philosophische Wanderprediger – für ihre minderwertige geistige Ware von der Gemeinde sogar reichen Lohn erhielten. Demgegenüber betont der Apostel die Lauterkreit seiner Verkündigung (vgl. 1,12; 12,19) und charakterisiert diese kurz in drei Punkten: »aus Gott, vor Gott und in Christus reden wir« (wörtlich), d.h. als von Gott berufener und bevollmächtigter Apostel;

als einer, der sich ständig mit Gott konfrontiert weiß und ihm Rechenschaft schuldet (12,19; vgl. 4,2 »im Angesicht Gottes«); als einer, der in der Lebensgemeinschaft mit Christus steht und spricht (2,14; 12,19).

Heutigen Lesern rufen diese Worte des Apostels zunächst in Erinnerung, daß in der Verkündigung des Evangeliums letztlich Gott selbst sein Wort ergehen läßt. Wie durch Paulus, so bringt er auch heute durch menschliche Boten einer dem Tod geweihten Welt sein lebenspendendes Wort. Dieses wirkt nicht automatisch heilbringend, sondern stellt alle vor die Entscheidung zwischen Leben und Tod (vgl. Dtn 30,15–20). Aus der zweischneidigen Wirkung des Wortes Gottes folgt, daß seine Verkünder (wie die Propheten im Alten Bund und die von Jesus ausgesandten Jünger, vgl. Mk 3,14f) einer besonderen Befähigung bedürfen. Diese fehlt dort, wo Menschen sich eigenmächtig zu Evangelisten erklären und dann der Versuchung verfallen, Gottes Botschaft zu verfälschen, um sich dadurch persönliche Vorteile zu verschaffen (Geld, Ehre, Macht).

Die am Ende des Textes gegebene Erklärung der geforderten »Lauterkeit« (Transparenz) bietet allen in der Kirche einen Maßstab, an dem sie ihr Wirken messen können: »aus Gott« (nicht nach eigenem Gutdünken), »vor Gott« (in ständiger Überprüfung von Leben und Worten) und »in Christus« (eins mit Christus und seiner Kirche).

Die Gemeinde als Empfehlungsschreiben (3,1–3)

In Abwehr eines möglichen Einwandes bezeichnet der Apostel die Gemeinde von Korinth als seinen Empfehlungsbrief, den letztlich Christus mit Gottes Geist geschrieben hat.

V. 1: Paulus geht hier in Form einer rhetorischen Frage auf einen Einwand ein, den die Gegner aus dem vorher Gesagten ableiten konnten und den sie wohl früher schon gegen ihn vorbrachten: daß er sich selbst empfehle (vgl. 5,12; 10,18; in 10,12 als zweiten Vorwurf an die Gegner). In einer weiteren rhetorischen Frage behandelt er den Vorwurf, sich wie andere (die Gegner) durch Empfehlungsschreiben Autorität zu verschaffen. Solche Empfehlungsbriefe an eine Gemeinde oder von einer solchen waren damals bei

Juden (vgl. Apg 9,2; 22,5) wie Christen verbreitet (Apg 18,27; Röm 16,1f; Phlm). V. 2: Emphatisch verweist Paulus demgegenüber auf eine andere Art von Empfehlungsbrief: die Gemeinde von Korinth selbst (vgl. 1 Kor 9,2). Daß dieser Brief sozuagen in seinem Herzen steht, drückt seine enge Verbundenheit mit den Korinthern aus (vgl. 7,3). Weil Paulus damit die Vorstellung eines von anderen zu lesenden Empfehlungsschreibens eigenwillig verfremdet, heißt es in mehreren Handschriften statt dessen »in euren Herzen«. Den Wert dieses »Briefes« unterstreicht der Apostel mit Worten, die das Bild und die historische Situation sprengen: Die ganze Welt kennt diesen Brief und damit sein Wirken in Korinth (vgl. 1 Thess 1,8; Röm 1,8).

V. 3: In weiterer freier Ausfaltung des Bildes und in Vorwegnahme der Gegenüberstellung von Sinai und neuem Bund im nächsten Abschnitt (3,4ff) erklärt er: Autor dieses Empfängerbriefes ist letztlich Christus, und Paulus ist nur sein Schreiber; geschrieben wurde der Brief mit dem Geist (Lebensodem) Gottes, doch nicht wie am Sinai auf steinerne Tafeln (Ex 31,18), sondern auf die Tafeln der Herzen (vgl. Jer 31,33) aus Fleisch, gemäß der prophetischen Verheißung des neuen Herzens aus Fleisch (statt des Herzens aus Stein: Ez 36,26). Daß die Gemeinde ein durch Gottes Geist geschriebener Brief ist, konnten die Erstleser leicht verstehen, da sie um die Wirkungen des Geistempfangs in ihrer Mitte wußten (vgl. Gal 3,3; 1 Kor 1,7; 12,1–3).

Heutige Leser verweist Gott mit diesen Pauluswörten auf die Bedeutung jeder Gemeinde als Empfehlungsschreiben für ihre Hirten (vgl. Gal 2,9; Mt 7,16f) und als »Brief Christi« an alle Menschen. Kennzeichen dieses Briefes sind aber nicht äußere Erfolge (»*Erfolg* ist kein Name Gottes«, *M. Buber*), sondern die »Frucht des Geistes«, wie sie Paulus Gal 5,22ff zu bedenken gibt. Aufgabe aller, die ein Amt innehaben, ist es daher, die Gemeinde nicht bloß durch äußere Aktivitäten und Belehrungen zu formen, sondern die Herzen in der Kraft des Lebensodems Gottes zu prägen, d.h. das allen ins Herz geschriebene Gesetz Gottes (Röm 2,14) gemäß der prophetischen Verheißung (Jer 31,33f) durch den vermittelten Geist Gottes zur Erfüllung zu bringen, so daß sie als von Gott selbst Belehrte erkennen, was Gottes Wille ist (vgl. Röm 12,2). *Christine Busta* hat diese Verse in ihrem Gedicht »Du hast geschrieben, wir sind dein Brief« treffend als Mahnung an alle heutigen Christen kommentiert.

Die Befähigung zum Diener des Neuen Bundes (3,4–6)

Paulus begründet hier seine von den Gegnern bestrittene apostolische Befähigung mit dem Hinweis auf seine durch Gott und Christus erfolgte Berufung zum Diener des Neuen Bundes, dessen Charakteristikum die Vermittlung des lebenspendenden Geistes ist.

V. 4: Der Apostel antwortet nun direkt auf die 2,16 gestellte Frage, indem er an die vorherige Aussage (V. 3) anknüpft: Er kann für sich beanspruchen, den Brief Christi mit Gottes Geist zu schreiben, weil er durch Christus dazu berufen wurde (vgl. Gal 1,1; Röm 1,5). Das gilt auch vor Gott (2,17; vgl. Röm 15,17), weil die Berufung durch Christus letztlich in Gott gründet, wie Paulus anschließend erklärt. V. 5: In Kontrast zu jedem eigenmächtigen Autoritätsanspruch (gemeint sind wohl die Gegner: 10,2) betont er ausdrücklich, daß seine Befähigung (2,16) von Gott stammt (2,17; vgl. Gal 1,16) und er aus sich nichts vermag (vgl. 1 Kor 15,9; Phil 2,13; 4,13).

V. 6: Gott befähigte ihn zum »Diener« (*diakonos:* ursprünglich die Bezeichnung des Tischdieners; später auf andere Dienste übertragen, die als »Amt« – vgl. die Lutherübersetzung – besonderer Bevollmächtigung bedürfen). Die Amtsbezeichnung läßt dabei die ursprüngliche Nähe zum Gedanken des Dienens noch klar erkennen. Dieser wird durch die Hinordnung auf den »Neuen Bund« verstärkt. Der Begriff »Bund« (aus dem Griechischen legt sich eher die Übersetzung »Testament« nahe) bezeichnet im Alten Testament unterschiedliche Weisen von Gottes Zusage: an Noach (Gen 9,1–17), Abraham (Gen 15; 17) und am Sinai (Ex 24). Ein »neuer Bund« war von Jeremia (31,31–34) verheißen worden (vermutlich für die Rückkehr aus dem Exil) und wurde in der Gemeinde von Qumran als bereits verwirklicht betrachtet (CD 6,19 u.ö.). Die Urkirche deutete schon vor Paulus Jesu Tod als Stiftung eines »neuen Bundes« (vgl. 1 Kor 11,25; Lk 22,20) und sah darin die einzigartige Erfüllung der prophetischen

Verheißung. Dieser Sicht folgt Paulus in seiner Rede von »zwei Testamenten« (Gal 4,24).

Der Apostel bestimmt den »neuen Bund« näher durch die schon V. 3 angeklungene Gegenüberstellung, die er hier mit der Antithese »Buchstabe« und »Geist« präzisiert. »Buchstabe« meint dabei die Fixierung auf den Wortlaut des Gesetzes (zusammengefaßt auf den steinernen Tafeln) im Sinn der damals bei Pharisäern verbreiteten Interpretation, »Geist« hingegen die durch Christus vermittelte Teilhabe am göttlichen Lebensodem. Die Maxime »der Buchstabe tötet, der Geist aber macht lebendig« stellt darum nicht, wie später gedeutet, der buchstäblichen (wörtlichen) Interpretation eines Textes (besonders eines Gebotes) die geistige, sinngemäße (allegorische) Auslegung gegenüber; vielmehr begründet (»denn«) Paulus mit ihr im Blick auf die Gegner die Überlegenheit des Neuen Bundes: Die Beschränkung auf den Buchstaben des alttestamentlichen Gesetzes führt nicht zum Leben, sondern zum Tod (denn das Gesetz überführt den Menschen der Sünde, ja bringt diese erst zu ihrer vollen Auswirkung: Röm 7,7; 1 Kor 15,56); wahres Leben hingegen vermag einzig Gottes Geist zu vermitteln (vgl. 5,4; 1 Kor 15,45; Röm 8,2.11; Joh 6,63a; Ez 37,5; Ps 104,29).

Der heutige Leser wird durch diese Paulusworte daran erinnert, daß Paulus (wie auch die anderen Apostel) nicht bloß aus subjektiver Überzeugung handelt, sondern in der Tat ein von Gott berufener »Diener« in der mit Christi Tod und Auferstehung begonnenen neuen Epoche der Weltgeschichte ist. Christen können nie genug darüber staunen, daß sie in dieser Zeit des besonderen Wirkens von Gottes Geist leben dürfen. Aus der Gesamtsicht der Bibel war Gottes Geist auch im Alten Bund (z.B. in den Propheten) und in der ganzen Menschheit (vgl. Weish 1,7) schon vorher am Werk, doch nicht in der einzigartig erfahrenen Weise wie seit der Auferstehung Jesu (vgl. Joh 7,39).

Die von Paulus polemisch formulierten Worte »der Buchstabe tötet, der Geist macht lebendig« können heute nur in dem Sinn als Ausdruck der Hoheit des Neuen Bundes gewertet werden, daß sie diesen von einer geschichtlich bedingten Ausprägung des Judentums abheben, nicht aber in dem Sinn, als habe die Tora des Mose nur eine tötende, nicht aber auch eine lebenspendende Kraft (vgl. V. 7; Röm 7,14; 9,4; Dtn 30,16; 32,47; Ps 119). Für Juden, die nicht zum Glauben an Jesus Christus finden – oft durch die Schuld von Christen –, bleibt sie auch heute noch der Weg zum Leben, so wenig Christen sich damit begnügen dürfen, wollen sie nicht ihren Glauben preisgeben.

Die überragende Herrlichkeit des Dienstes der Geistvermittlung (3,7–11)

Veranlaßt durch die Gegenüberstellung von Dienst des Buchstabens und Dienst des Geistes, zeigt Paulus seinen Lesern – nicht zuletzt im Blick auf die in der Gemeinde Unruhe stiftenden Gegner –, welche Hoheit dem Dienst im Neuen Bund und damit seinem apostolischen Amt zukommt. Der Apostel stellt dazu einen dreifachen Vergleich an, dem der damals bei der Bibelauslegung übliche Schluß vom Geringeren zum Größeren zugrundeliegt.

V. 7: Schon dem als »Dienst des Todes« (wegen der faktisch todbringenden Wirkung des steinernen Gesetzes: V. 6; vgl. Gal 2,19) bezeichneten Amt des Mose eignet »Herrlichkeit« durch seine Teilhabe an der göttlichen Majestät. Als Beleg dafür dient Paulus die Notiz von Ex 34,29, daß das Antlitz des Mose »strahlte«, als er nach der Gottesbegegnung vom Sinai hinabstieg, so daß die Israeliten davon geblendet wurden. (Infolge der falschen Übersetzung von »Strahlen« mit »Hörnern« in der Vulgata wurde Mose später oft gehörnt dargestellt.) Durch diese Würde (vgl. Röm 7,14; 9,4) überragt der Dienst des Mose alle rein irdischen Ämter, die sich oft ersatzweise mit äußerem Prunk umgeben. V. 8: Dem »Dienst des Geistes«, d.h. der Geistvermittlung im Neuen Bund, muß dann aber eine noch viel größere Teilhabe an Gottes Herrlichkeit eignen; denn dieser führt doch – die rhetorische Frage setzt es voraus – nicht zum Tod, sondern dank der Herrlichkeit Christi (4,4–6) und der lebenspendenden Kraft des göttlichen Geistes (vgl. 1 Kor 15,45) zum ewigen Leben und zur Teilhabe an der Doxa Gottes.

V. 9: Der zweite Vergleich unterbaut diese Argumentation: Schon dem mosaischen »Dienst der Verurteilung« (insofern das

Gesetz die Sünde aufdeckt, zu ihrer vollen Auswirkung führt und den Übertreter verurteilt: vgl. Dtn 27,26; Röm 7,14; 1 Kor 15,56) fehlte es nicht an Herrlichkeit (Abglanz von Gottes Doxa), wie dies bei der Gesetzgebung und im Kult zum Ausdruck kam; um wieviel mehr eignet sie dann dem »Dienst der Gerechtigkeit«, insofern in diesem durch die Gabe des Geistes der Sünder von Schuld befreit und gerechtfertigt wird. V. 10: Ja, der Anteil des ersten Dienstes an der göttlichen Herrlichkeit kann im Vergleich zur überragenden Teilhabe des zweiten an Gottes Selbstmitteilung gar nicht als »Herrlichkeit« gelten.

V. 11: Dritter Vergleichspunkt ist die Dauer: Aus der Sicht des Paulus hat der Dienst des Mose ein Ende (3,14; vgl. Röm 10,4), der Neue Bund hingegen bleibt für immer samt seiner größeren Teilhabe an der Herrlichkeit Gottes.

Durch diese im Stil jüdischer Argumentation gestaltete Verteidigung der Autorität des apostolischen Amtes werden wir heute von Gott selbst an die schon im Alten Bund geschenkte Teilhabe an seiner Herrlichkeit erinnert: Er selbst hat sich den Patriarchen, Mose und den Propheten kundgetan, um ihnen den Weg zum Leben zu weisen, auch wenn dieser durch die Sünde der Menschen faktisch zum Tode führte (so jedenfalls nach Paulus). Gerade in der heutigen Konfrontation mit vielen Weltreligionen sind wir Christen aufgefordert, die Hoheit des Alten Bundes bewundernd anzuerkennen, wie sie uns vor allem die Psalmen immer wieder vor Augen stellen.

Mit diesen Paulusworten öffnet uns Gott vor allem aber den Blick für »die Herrlichkeit« des Lebens im Neuen Bund: In diesem schenkt Gott jedem – nicht bloß den Amtsträgern – jetzt schon auf einzigartige Weise Anteil an seiner göttlichen Majestät und seinem Leben, und zwar für immer. Das schließt nicht aus, daß Gottes Geist auch schon im Alten Bund und auch bei anderen Religionen Großes wirkt, es betont aber doch die besondere sakramentale Gottesnähe (Kirche als Ursakrament), die uns im Hinblick auf das Heil aller Menschen geschenkt ist.

Freimut und Freiheit des neutestamentlichen Dienstes und Lebens (3,12–18)

In weiterer, freier Auslegung von Ex 34 zieht Paulus hier Folgerungen aus dem Gesagten für sich und alle Christen. Da er sich dabei der damals üblichen Bibelauslegung (Midrasch) bedient, bedarf dieser Abschnitt besonders sorgfältiger Erklärung.

V. 12: Den vorher in seiner Erhabenheit herausgestellten »Dienst des Geistes« nennt der Apostel hier einfach »Hoffnung« (vgl. V. 4; 4,1), da er durch die bleibenden Hoffnungsgüter Geist, Herrlichkeit und Gerechtigkeit geprägt ist. Ein solches, alle menschlichen Erwartungen überbietendes Amt befähigt ihn, mit großem »Freimut« aufzutreten, d.h. vor den Menschen und vor Gott alles offen zu sagen (anders als seine Gegner [2,17; 4,2] und entgegen den erhobenen Vorwürfen 1,15f). V. 13: Diesen Freimut hebt Paulus vom Verhalten des Mose ab; denn nach seiner Auslegung von Ex 34,33 legte dieser eine Hülle auf sein Angesicht, damit die Israeliten nicht sähen (wie hier über den biblischen Text hinaus erklärt wird), daß die von ihm ausgehende Herrlichkeit nicht bleiben würde (vgl. V. 7). Mose ließ sie demnach im Unklaren über die Vergänglichkeit seiner Teilhabe an Gottes Herrlichkeit. V. 14: Was Mose damals tat, hat aus der Sicht des Paulus einen tieferen Sinn, insofern das Verhalten des Mose ein Typus dessen ist, was heute noch geschieht: »Die Hülle« des Mose verweist bildhaft auf »die Hülle« auf den Herzen der Israeliten, die verhärtet sind und deshalb nicht recht sehen können. Sie hat ihre Entsprechung in der Hülle, mit der jüdischem Brauch gemäß beim Synagogengottesdienst die Tora – hier erstmals »Altes Testament« genannt – vor und nach ihrer Verlesung umhüllt wird. Diese Hülle bzw. die damit symbolisierte Herzensverhärtung hindert die jüdischen Gottesdienstteilnehmer zu erkennen, daß der Alte Bund im Neuen (im Christusgeschehen) sein Ende (Röm 10,4) findet (vgl. auch die Schilderung vom Zerreißen des Tempelvorhangs als Bild für das Ende des Tempelkultes in Mk 15,38). Der grammatikalisch schwer verständliche Vers erlaubt auch die Übersetzung: »daß *sie* (die Hülle, nicht der Alte Bund) in Christus abgetan wird« (Lutherübersetzung); allerdings paßt das weniger zum Kontext, wo »die Hülle« als Symbol für die Herzensveränderung der Israeliten dient.

V. 15: Paulus wiederholt und verdeutlicht seine midraschartige Deutung der »Hülle« des Mose für die folgende Argumentation: Eine solche »Hülle« liegt gegenwärtig noch auf den Herzen der Juden bei der Toralesung in der Synagoge und verhindert ihr volles (christliches) Verständnis (vgl. mittelalterliche Darstellung der Synagoge mit einer Binde – mitunter sogar als Schlange stilisiert – vor den Augen). V. 16: Nach Paulus zeigt das Zitat von Ex 34,34, das er leicht abändert (statt äußerer Hinwendung innere Bekehrung), auf welche Weise Mose bzw. Israel oder der einzelne Israelit von der Hülle befreit werden kann: durch die »Bekehrung« zum »Herrn« (zu Christus bzw. zu JHWH, der sich in Christus durch seinen Geist als mächtig erweist), wie sie Paulus bei seiner Berufung zuteil wurde (vgl. 4,6).

V. 17: In Form einer vieldiskutierten exegetischen Erklärung zeigt Paulus, daß der vorher genannte »Herr« (JHWH oder der erhöhte Christus) in engster dynamischer Beziehung zum »Geist« steht (ohne damit im Sinn traditioneller Logik völlig identisch zu sein). Der Nachsatz erläutert dies, an V. 12 anknüpfend, damit, daß die Teilhabe an dem durch den Herrn (Christus bzw. JHWH) geschenkten Geist »die Freiheit« schenkt. Damit ist zunächst das durch eine Hülle bzw. Herzensverhärtung nicht gehinderte volle Erkennen der Tora gemeint, dann aber auch die Befreiung zur Erkenntnis Christi und die damit ermöglichte Freiheit von der Versklavung an den Buchstaben des Gesetzes, von der uns durch die Tora treffenden Verurteilung (Gal 3,10–13) und vom ewigen Tod (vgl. Gal 5,1; Röm 7,24 – 8,2).

V. 18: Die von Paulus zunächst im Blick auf sein Amt gemachten Aussagen haben letztlich Bedeutung für »alle« Christen. Im Unterschied zu Mose und der jüdischen Toralesung in der Synagoge ist ihr »Antlitz« bzw. ihr Herz nicht »verhüllt«. So können sie die Herrlichkeit Gottes »widerspiegeln« (EÜ), bzw. – nach wohl richtigerer Übersetzung – »wie in einem Spiegel schauen«, d.h. in Christus als dem »Spiegel-Bild« Gottes sehen (Röm 8,29; Kol 1,15). Durch diese Schau der Herrlichkeit Gottes auf dem Antlitz Christi (4,6) werden sie »in dasselbe Bild« (wörtlich) verwandelt, also Christus gleichgestaltet, um immer mehr an seiner Herrlichkeit Anteil zu erhalten (vgl. Röm 8,29; 1 Kor 15,49). Diese Umwandlung geschieht nicht aus eigener Kraft, sondern durch den lebenspendenden, die Herzen neu schaffenden »Geist des Herrn« (vgl. V. 6; möglich ist auch die Übersetzung: »durch den Herrn, der der Geist ist«). Paulus denkt hierbei weniger an das hellenistische Motiv der Umwandlung durch die Schau (etwa bei den Mysterien), sondern an die beim Hören des Wortes, im Kult und im christlichen Lebensvollzug (als Aktualisierung von Bekehrung und Taufe) sich ereignende Umwandlung und Verherrlichung. An der Erhabenheit seines Amtes im Neuen Bund zeigt Paulus also den Korinthern zugleich, welche hohe »Freiheit« ihnen allen zukommt. Diese befähigt sie in einzigartiger Weise, die Herrlichkeit Gottes in Christus ungehindert zu erkennen und dadurch jetzt schon umgestaltet zu werden »von Herrlichkeit zu Herrlichkeit«.

Durch die zeitgebundene Bibelauslegung des Apostels öffnet Gott dem heutigen Leser den Blick für die Einzigartigkeit des neutestamentlichen Amtes und der christlichen Existenz. Im Unterschied zur vorläufigen Offenbarung im Alten Bund hat er uns durch Christus die volle, endgültige Wahrheit »entborgen« (vgl. die Deutung des griechischen Wortes für Wahrheit *[a–lētheia]* im Sinn von »Ent-bergung« durch *M. Heidegger*). Diese kann aber nur erkennen, wer sich durch Gottes Geist jegliche »Hülle« nehmen und die volle Freiheit schenken läßt. Deshalb steht er Gott nicht bloß als Geschöpf und Knecht, sondern als Kind, Sohn und Tochter gegenüber. Nur in der Kraft dieses befreienden Lebensodems vermag der Mensch Christus als den Herrn aller (1 Kor 12,3) und Gott als seinen Vater, der ihn mütterlich liebt, zu bekennen und zu lieben (vgl. Gal 4,6; Röm 8,14).

Was Paulus aus seiner Sicht über die Herzensverhärtung seiner Gegner und ihre Unfähigkeit schreibt, aus eigener Kraft die volle Bedeutung des Alten Bundes zu erkennen, hat leider oft zu einer völligen Abwertung des Alten Bundes und zu einer unchristlichen Ablehnung, ja sogar Verfolgung der »verblendeten« Juden Anlaß gegeben. Die Darlegung des Apostels kann hingegen – richtig verstanden – heute auch in einem tieferen Sinn als Wort Gottes zum Verhalten aller Menschen, ob Juden, Heiden oder Christen, vernommen werden: Alle sind in Gefahr, den Teil für das Ganze zu halten und Aussagen über die Berufung zur Teilhabe an Gottes Herrlichkeit als Illusion abzuwerten, mit der sich die Christen der Härte einer sinnlosen Existenz entziehen möchten.

Schließlich sagt uns Gott durch diese Paulusworte, daß wir bei jeder Begegnung mit Christus, ob beim Lesen der Bibel, beim Empfang der Sakramente oder im Dienst an den Ärmsten, letztlich »wie in einem Spiegel« ihm selbst begegnen, der uns durch seinen Geist schon in diesem Leben zu neuen Menschen umgestaltet.

Die Bewährung der geschenkten Offenheit im apostolischen Dienst (4,1–6)

Der Apostel ruft hier den Korinthern die aus der Herrlichkeit seines Dienstes resultierenden Konsequenzen in Erinnerung, mit denen eine unlautere Amtsführung unvereinbar ist. Gegenüber falschen Unterstellungen verweist er auf die Verwurzelung seiner Predigt in der ihm zuteil gewordenen Berufung und bleibenden »Erleuchtung«.

V. 1: In sprachlicher Anlehnung an 3,12 (vgl. auch 3,6) folgert Paulus (»daher«) zunächst, daß ihn der beschriebene Dienst im Neuen Bund, der ihm durch Gottes Barmherzigkeit (vgl. 1 Kor 15,9) zuteil wurde, ansporne, angesichts von Widerständen nicht zu verzagen oder nachlässig zu werden. V. 2: Als weitere Konsequenz nennt er gegenüber erhobenen Vorwürfen, die letztlich aber seine Gegner treffen, einerseits (negativ) seine Absage an Heimlichtuerei, deren man sich schämen muß, an unaufrichtige Verschlagenheit und Verfälschung des Wortes Gottes (vgl. 2,17; 12,16; 1 Thess 2,3 f) und andererseits (positiv) seine freimütige, nichts verhüllende Kundgabe der Wahrheit (vgl. 3,12). Diese Lauterkeit und Offenheit rechtfertigt ihn vor jedem Urteil der Menschen (die ihm in ihrem »Gewissen« zustimmen) wie auch »vor Gott« (vgl. 2,17c).

V. 3: Gegenüber dem zu erwartenden Einwand, daß nicht alle seiner mit Offenheit (ohne Hülle) verkündeten Botschaft zustimmen, beteuert Paulus, daß dies nicht an seiner Predigt liege (bei der die Gegner vermutlich den äußeren Glanz vermißten; vgl. 1 Kor 2,1–5), sondern am Verhalten der Hörer: Bei diesen ist die Frohbotschaft »verhüllt«, da eine »Hülle« auf ihren Herzen liegt (vgl. 3,14 f) und sie durch die Ablehnung des Evangeliums zeigen, daß sie zu den »Verlorenen« gehören, denen die Predigt nicht Leben, sondern Tod bringt (vgl. 2,15). V. 4: Diese Verstockung schreibt Paulus dem Widersacher zu, den er in der Sprache der Apokalyptik als »Gott (bloß) dieses (vergänglichen) Äons« (vgl. Joh 12,31; 16,11) bezeichnet. Dieser blendet die Sinne (verhärtet die Herzen: 3,14) derer, die nicht zum Glauben an das Evangelium kommen, d.h. er hindert sie durch eine »Hülle«, das Aufleuchten bzw. den Lichtglanz (beide Übersetzungen sind möglich) des Evangeliums zu sehen und Christus als den zu erkennen, der als Sohn Anteil an der Herrlichkeit Gottes hat. Die angefügte Erläuterung »der das Bild Gottes ist« (Röm 8,29; vgl. Kol 1,15) verdeutlicht dies: Christus macht Gottes Herrlichkeit sichtbar.

V. 5: Die vorherige Aussage begründet Paulus, indem er versichert, Inhalt seiner Predigt sei nicht sein »Ich« (seine Ansicht, sein Ansehen, seine Geltung), sondern der eben erwähnte gekreuzigte und auferstandene Jesus Christus (vgl. 1 Kor 1,23; 2,2) als der wahre »Herr« mit göttlicher Autorität (vgl. Phil 2,9f; 1 Kor 12,3; Röm 10,9) im Unterschied zum »Gott dieses Äons«. Paulus selbst gehört zur Predigt nur insoweit, als er um Jesu willen »Knecht« der Korinther ist (vgl. 1 Kor 9,19), nicht aber ihr »Herr« (1,24). V. 6: Das eben Gesagte erläutert Paulus mit seiner Berufung zum Verkünder Christi: Diese geht zurück auf den Schöpfer des Lichtes (freie Wiedergabe von Gen 1,3; vgl. Jes 9,1), der es dank seiner Schöpferkraft im Innern des Apostels hell werden ließ »zur Erleuchtung (zum Aufstrahlen) der Erkenntnis der Herrlichkeit Gottes auf dem Antlitz Christi« (wörtlich). Die umständliche Formulierung kann ein Doppeltes meinen: 1. Paulus wurde erleuchtet und befähigt, die göttliche Majestät Christi als »Bild Gottes« und »Sohn« zu erkennen, wie dies bei seiner Berufung geschah (Gal 1,16; Phil 3,10) und ähnlich in jeder Bekehrung zu Christus geschieht (3,16–18); 2. Paulus wurde befähigt, die göttliche Herrlichkeit Christi in seiner Predigt »aufstrahlen« zu lassen (durch das Verbreiten des »Duftes seiner Erkenntnis«: 2,14; vgl. Apg 26,18), was seine Berufung bereits voraussetzt und sich in seiner Tätigkeit auswirkt. – Paulus schreibt hier über seine Berufung mit anderen Worten als sonst (z.B. Gal 1,15f: »[Gott] ... offenbarte«; 1 Kor 9,1: »Habe ich nicht Jesus, unseren Herrn, gesehen?«; 15,8: »erschien er auch mir«; Phil 3,10: »die Erkenntnis Jesu Christi, meines Herrn«). Das hängt damit zusammen, daß diese Berufung die üblichen Erfahrungen und Begriffe unserer Welt übersteigt und darum immer nur annähernd und versuchsweise beschrieben werden kann.

Die Besinnung auf die Hoheit des neutestamentlichen Dienstes kann nach diesen uns als Gottes Wort anvertrauten Aussagen des Apostels alle Amtsträger und jeden Getauften davor bewahren, angesichts so vieler Schwierigkeiten mutlos zu werden oder zu falschen Mitteln (Abschwächung des Evangeliums, Anwendung von Zwang) zu greifen. Lauterkeit und Wahrheit (auch Wahrhaftigkeit) müssen Kennzeichen christlicher Verkündigung sein.

Wenn viele die wahrheitsgetreue »Entbergung« (s. zu 3,14f) von Gottes Handeln im Gekreuzigten nicht annehmen, liegt dies nicht am Evangelium, sondern an einer Macht, die gleich einem »Gott dieser Welt« die Menschen blendet. Mit einer solchen ist zu rechnen, auch wenn wir sie heute nicht mehr so einfach wie frühere Generationen personifizieren und uns nach Art eines Gottes (Götzen) vorstellen können (s. o. S. 31). Diese der Wahrheit widerstreitende Macht hindert viele daran, Christus als wahren Herrn zu erkennen. Sie bewirkt das nicht zuletzt dadurch, daß sie die Missionare Christi verdächtigt – leider nicht immer ohne Grund –, nur sich selbst zu predigen, eigene Ehre, Vorteile und Macht zu suchen.

Demgegenüber kommt es darauf an, so belehrt uns Gott am Beispiel des Apostels, sich ganz auf die Verkündigung Christi als »Herrn« aller zu konzentrieren und selbst nur als in seinem Dienst stehende »Knechte« für andere dazusein. Das wird dadurch möglich, daß Gott uns wie Paulus durch sein schöpferisches Handeln von jeder Art widergöttlicher Finsternis (dazu gehört auch unser engherziges Kreisen um uns selbst) befreit, damit wir als von ihm durch seinen Geist (vgl. 1 Kor 12,3) Erleuchtete im ohnmächtigen Gekreuzigten den erkennen, der in einzigartiger Weise Gottes Herrlichkeit widerspiegelt, weil er Gottes Bild und Sohn ist.

Leidens- und Lebensgemeinschaft mit Christus (4,7–15)

Paulus ergänzt seine Darlegung über die Herrlichkeit des neutestamentlichen Dienstes (3,4 – 4,6), indem er hier und im folgenden (bis 5,10) ausführlich auf die äußerlich in Widerspruch dazu stehenden Bedrängnisse und Schwächen eingeht, die sein Leben prägen und von den Gegnern vermutlich gegen seine Autorität ins Feld geführt wurden.

Für den Apostel ist das ihm zugeteilte und vorher so betonte Amt ein kostbarer Schatz »in tönernen Gefäßen« (wörtlich), die leicht zerbrechen können. In dieser Diskrepanz zwischen der Hoheit des Amtes und seiner von Schwäche gezeichneten Tätigkeit sieht Paulus einen tiefen Sinn: »damit die Überfülle der Kraft von Gott sei und nicht von uns« (wörtlich), d.h. damit das positive Echo auf seinen Dienst nicht als seine eigene Lösung gelte, sondern als Gottes Werk (vgl. die verwandte Argumentation 1,9; 12,9f; 1 Kor 1,26–31; 2,4f).

V. 8f: In vier kurzen, rhetorisch kunstvoll formulierten Antithesen schildert Paulus seine Situation, indem er zunächst seine leidvolle Situation angibt (bedrängt, ratlos, verfolgt, niedergeworfen) und dieser dann die gläubige Beurteilung gegenüberstellt (nicht erdrückt, nicht verzweifelt, nicht im Stich gelassen, nicht zunichte gemacht). Anders als der Stoiker, der die Übel als Erziehungsmittel letztlich positiv bewertet, weiß Paulus um ihre Vorläufigkeit und ihre Überwindung durch Gottes Macht.

V. 10: Als erste Erläuterung der aufgezählten Antithesen fügt Paulus bei, daß er »allezeit« (nicht bloß gelegentlich) »das Sterben Jesu« (wörtlich) an seinem Leib herumtrage. Sein tägliches Leben und Wirken ist also durch die Teilhabe am Sterben (nicht bloß am Leiden) Jesu geprägt (vgl. 1,5; Phil 3,10) – eine Auswirkung des sakramentalen Mitsterbens mit Christus in der Taufe (Röm 6,3–11), die im leiblichen Leben deutliche Spuren hinterläßt (Gal 6,1). Dieses »Sterben« ist auf die eschatologische Todesüberwindung bei der Auferstehung bezogen (vgl. Röm 8,17; Phil 3,10f; 1 Petr 4,13), aber auch schon auf die in der Gegenwart sich zeigende Macht von Jesu Sieg über den Tod. V. 11: In einem parallel zu V. 10 formulierten Satz wiederholt und erläutert Paulus die ungewöhnliche Aussage. »Um Jesu willen« kann den äußeren Grund, aber auch das tiefere Ziel dieser Widerfahrnisse meinen: um immer mehr am Leben Jesu Anteil zu erhalten (vgl. Phil 3,10). V. 12: Die Auswirkung des Todes Jesu im Leiden des Apostels dient nicht bloß ihm, sondern auch dem (vollen) Leben der Korinther. Überraschend taucht hier dieser schon 1,6f erwähnte Gedanke auf, der

4,15 und 13,5 wiederkehrt und dem Apostel offensichtlich sehr vertraut ist (vgl. außerdem Kol 1,24; Eph 3,13).

V. 13: Daß Paulus seine Bedrängnis in der erwähnten Weise deuten darf, verdankt er dem ihm geschenkten »Geist des Glaubens« (der Befähigung zum Glauben). Dieser Glaube ermächtigt ihn auch – nach dem frei zitierten Ps 115,1 – zu »reden«, d.h. seinen Verkündigungsauftrag zu erfüllen. V. 14: Als Glaubender weiß der Apostel mit der ganzen Urkirche (vgl. 1 Kor 6,14; 15,12–16), daß Gott, der Jesus auferweckte, auch ihn »mit Jesus« (d.h. durch ihn und zur Lebensgemeinschaft mit ihm) aus dem Tod erretten wird. Dieses im Glauben gründende Wissen umfaßt auch die Hoffnung, daß Gott den Korinthern daran Anteil geben wird: »und uns mit euch darstellen wird« (wörtlich); gemeint ist mit dieser Wendung die am Ende erfolgende Kundmachung aller Auferweckten gegenüber Engeln und Menschen. Paulus erwartet also nicht bloß eine persönliche Auferstehung, sondern auch ein künftiges Zusammensein mit allen, denen er das Evangelium verkündet hat (vgl. 11,2; 1 Thess 4,17). V. 15: Alles, was Paulus erduldet, erträgt er um der Korinther willen. Sein Einsatz geschieht aber letztlich, wie der locker angehängte Finalsatz (»damit…«) sagt, zur Mehrung der Herrlichkeit Gottes; durch das Wirken des Apostels wird nämlich die von Gott ausgehende Gnade (das Geschenk Christi) durch die Danksagung und das Gotteslob vieler Menschen »überreich« (vgl. 1,11).

Was Paulus hier zur Verteidigung seines Amtes und zur Sinngebung seiner Bedrängnis den Korinthern schreibt, ergeht als Wort Gottes an alle Christen, die Anstoß nehmen an der Diskrepanz zwischen der ihnen geschenkten Teilhabe an Gottes Herrlichkeit und der alltäglich erfahrenen Schwäche im eigenen Leben und im Leben der Kirche: Die Getauften tragen als einzelne und als Gesamtheit den »Schatz« ihrer Begnadigung »in zerbrechlichen Gefäßen«; deshalb sind sie von außen und innen vielfältiger Bedrängnis ausgesetzt; christliches Leben ist keine Garantie für eine leidfreie Existenz.

Im Blick auf Jesu schmachvolles Sterben dürfen sie in den Mühsalen aber Zeichen ihrer innersten Schicksalsgemeinschaft mit dem Gekreuzigten sehen (vgl. Gal 2,19; Mk 8,35), die letztlich hingeordnet ist auf die Teilhabe am erfüllten Leben des Auferstandenen. Diese realisiert sich zeichenhaft mitunter schon jetzt, für immer aber bei der endgültigen Auferstehung aller Toten.

Solche Leidensgemeinschaft mit Christus dient schließlich nicht bloß der Zukunft des einzelnen, sondern auch der Heiligung und Vollendung des Lebens der uns in den Gemeinden und Familien anvertrauten Menschen. Hier auf Erden entstandene Bande und erwiesene Hilfen enden also nicht mit dem Tod. Eine solche nur im Glauben mögliche Sicht der Ohnmachtserfahrungen kann jeden Christen ähnlich wie Paulus ermutigen, in Bedrängnissen auszuharren und sich durch diese nicht vom Einsatz für andere, besonders bei der Verkündigung des Evangeliums, abhalten zu lassen (vgl. 1 Kor 15,58).

Leiden und Widerfahrnisse stehen schließlich – aus der Sicht des uns durch Christus vermittelten Glaubens – in Verbindung mit dem Ziel der ganzen Menschheitsgeschichte: Der einzelne trägt als »Mitarbeiter Gottes« (1 Kor 3,9) durch seinen Einsatz für die Rettung anderer (1,6; vgl. 1 Kor 9,23) mit dazu bei, das Ziel der gesamten Schöpfung und des Heilswerkes (vgl. 1 Kor 15,28) in vollerem Maß Wirklichkeit werden zu lassen.

Gegenwärtige Niedrigkeit und zukünftige Herrlichkeit (4,16–18)

Die vorher unter Bezug auf die Auferweckung Jesu und die Hoffnung auf die eigene Auferweckung vollzogene Sinndeutung seines mit der Verkündigung verbundenen Leidens ergänzt Paulus, indem er der augenblicklichen, vorübergehenden Bedrängnis die bleibende Herrlichkeit gegenüberstellt.

V. 16: Aus dem eben Dargelegten folgert Paulus (»darum«), daß er in den vielfältigen Erfahrungen der Ohnmacht nicht erlahmt und müde wird. Zur Verdeutlichung bezeichnet er die im Alltag erfahrene Bedrängnis als »Vernichten« (wörtlich) des »äußeren« Menschen und stellt diesem das »Erneuern« des »inneren« Menschen gegenüber. Der Apostel verwendet dabei die in der Umwelt geläufige Terminologie in einem Sinn, der mit seiner Gegenüberstellung von »Fleisch« (hinfällig, vergänglich) und »Geist« (von Gottes Odem belebt) in Röm 8,5.10 verwandt ist. Der Teilhabe am Sterben Jesu (4,10) stellt er so die in der Taufe begonnene und im

Leben sich verwirklichende Neuschöpfung (5,17; Gal 6,15) gegenüber. V. 17: Als Erläuterung und weitere Begründung dessen dient die Aussage über das gegenwärtig nur »Leichte« (wörtlich) der Bedrängnis im Vergleich zu der im Übermaß bewirkten ewigen »Schwere an Herrlichkeit« (wörtlich; die Formulierung spielt wohl mit der ursprünglichen Bedeutung des hebräischen Wortes *kabod* = Schwere, Herrlichkeit). V. 18: Diese Bewertung der Bedrängnis ist denen möglich, die sich wie Paulus nicht bloß am Sichtbaren orientieren. Der Merksatz über die Vergänglichkeit des Sichtbaren und das Bleibende des Unsichtbaren begründet dies allgemeingültig und gibt zugleich zu verstehen, daß die dem Neuen Bund eigene »Herrlichkeit« (3,7–18; 4,7) nicht mit leiblichen Augen wahrgenommen werden kann.

Diese Motivation bzw. Begründungen für das Ausharren in den Mühsalen des Alltags ermutigen als Wort Gottes jeden Christen, die ihm widerfahrenden »Minderungen« (*Teilhard de Chardin*) seines Lebens und Wirkens richtig zu bewerten: Sie betreffen erstens nur seine »äußere«, dem irdischen Tod preisgegebene Existenz, nicht aber den inneren Kern seines in der Taufe neugeschaffenen und durch Gottes Lebensodem ständig erneuerten (umgewandelten: 3,18) Ich. Schon dadurch verlieren sie den Charakter einer gefürchteten Lebensbedrohung. Sie haben zweitens im Vergleich zur künftigen ewigen Herrlichkeit nur kurze Dauer und geringes Gewicht (vgl. Röm 8,18); deshalb sind sie für Christen – anders als wohl für die meisten Menschen unserer Tage – keinesfalls das größte aller Übel.

Ihnen kommt sogar eine positive Bedeutung zu, insofern sie zur überragenden Herrlichkeit beitragen, sei es durch die Bewährung des Glaubens an Christus als Voraussetzung des »Mitverherrlicht-Werdens« (Röm 8,17) oder durch die Läuterung der in die Sünde der Welt verstrickten Existenz (vgl. die alte kirchliche Lehre vom Fegefeuer). Wenn ihr Beitrag zur Herrlichkeit der Teilhabe am Leben des Auferstandenen auch nicht exakt bemessen werden kann, so darf der Glaubende doch damit rechnen, daß seine Teilnahme am Leiden Christi niemals sinnlos ist. Allerdings vermag er das nur, wenn für ihn das Sichtbare und Greifbare nicht letzter Maßstab ist, sondern wenn er mit einer Dimension des Lebens rechnet, die das

Kurzlebige übersteigt und seiner Sehnsucht nach Leben in Fülle (ohne die Bedrohung des Todes) entspricht.

Die christliche Zukunftshoffnung (5,1–10)

Im Sinne einer weiteren, eng zu 4,16–18 gehörenden Begründung für sein Ausharren in der Bedrängnis schreibt Paulus erneut über seine Zukunftshoffnung. Der Text wird sehr unterschiedlich gedeutet: 1. als Aussage über den Tod vor der Parusie (vielleicht auch über einen Zwischenzustand der Seele); 2. nur im Blick auf die Parusie; 3. nur im Blick auf die Gegenwart bzw. die innerweltliche Zukunft. Um einer Fehlinterpretation dieses für die christliche Zukunftshoffnung so wichtigen Textes zu entgehen, ist sorgfältig auf die Struktur des doppelgliedrigen Abschnittes (VV. 1–5.6–10) und seine Bildersprache zu achten.

Als Ausgangsthese des ersten Abschnitts (VV. 1–5), die begründend an 4,16–18 anknüpft, dient Paulus ein den Lesern bekannter (»wir wissen«) Kontrast: »unser irdisches Haus des Zeltes«, das »abgerissen wird« – »ein Bauwerk von Gott, ein nicht von Händen gefertigtes ewiges Haus in den Himmeln« (wörtlich). Die Bildworte meinen dabei nicht die in der griechischen Philosophie bekannte Gegenüberstellung von sterblichem Leib und unsterblicher Seele, sondern die des sterblichen (»äußeren«: 4,16) Menschen (vgl. 2 Petr 1,13 f; Jes 38,12; Ijob 4,19) und der von Gott geschaffenen neuen Existenz in Gemeinschaft mit dem Auferstandenen, dem »zweiten Menschen (Adam) vom Himmel her« (1 Kor 15,47; vgl. Mk 14,58: »nicht von Händen gefertigter Tempel«). Wird das irdische Leben beendet (wie ein Zelt abgerissen), steht für den Verstorbenen eine neue Existenz in dem unsere Welt übersteigenden Bereich Gottes (Himmel) bereit (vgl. Kol 1,5; Joh 14,2; 1 Petr 1,4).

V. 2 f: Als erste Begründung von V. 1 dient der Hinweis auf das Seufzen unter dem Leiden der Gegenwart (vgl. Röm 8,22 f.26), welches sich verbindet mit der Sehnsucht, das im Himmel bereite Haus (die neue Existenz) wie ein neues Kleid zu erhalten (vgl. 1 Kor 15,53 f), um »ausgezogen« (wörtlich; andere Lesart: »angezogen«), doch nicht »nackt« dazustehen. Die hier zum Erweis des im Himmel wartenden »ewigen Hauses« (V. 1) geltende Sehnsucht nach einer Bekleidung wird häufig (auch EÜ) im Sinn der traditionellen Auffassung von Leib und Seele so verstanden, daß die Seele nach dem Tod in einem Zwischen-Zustand sozusagen »nackt« (ohne Leib) auf die Bekleidung mit dem Auferstehungsleib warte. Doch ist davon im Kontext und sonst im Neuen Testament nicht die Rede. Näher liegt es deshalb, in der bildhaften Ausdrucksweise des Paulus die Sehnsucht nach der »Bekleidung« mit dem Auferstehungsleib Christi bei der Parusie bzw. schon bei der Christusbegegnung im Tod (Phil 1,23; vgl. Lk 23,43; Apg 7,59) oder sogar bei der ständigen Erneuerung des inneren Menschen (4,16; 3,18) zu sehen.

V. 4: Als zweite Begründung der These von V. 1 und als Verdeutlichung des vorher (V. 2f) Gesagten dient der Hinweis auf das im Seufzen unter den täglichen Belastungen sich äußernde Sehnen, »nicht ausgezogen, sondern darüber angezogen zu werden«. Das meint kein Sträuben gegen das Sterben (als Ablegen des Leibes) und kein Verlangen nach dem Wiederbekleidet-Werden der Seele mit dem Leib (bei der endzeitlichen Auferstehung), sondern das Verlangen nach einer Existenz, die nicht mehr durch den Tod bedroht ist: »damit das Sterbliche vom Leben verschlungen werde« (vgl. 1 Kor 15,54: »dies Sterbliche muß Unsterblichkeit anziehen«; »verschlungen ist der Tod«). Wenn Paulus hier die endzeitliche Totenerweckung bzw. -verwandlung (wie 1 Kor 15,52ff; vgl. 1 Thess 4,16) nicht erwähnt, hängt das kaum damit zusammen, daß er inzwischen nicht mehr mit einem Erleben der Parusie rechnet, sondern über seine Zukunft auch ohne das damals verbreitete Vorstellungsmodell der endzeitlichen Auferstehung sprechen kann (wie z.B. Phil 1,23).

V. 5: Tiefster Grund der VV. 1–4 geäußerten Hoffnung ist nach Paulus Gott selbst: Er, der die Macht hat, Tote lebendig zu machen (vgl. Röm 4,17), hat den Apostel befähigt (es geht also nicht um dessen eigene Leistung), mit dem Auferstehungsleib bekleidet zu werden. Das zeigt sich in der Verleihung des Geistes als »Angeld« (wörtlich), d.h. als Garantie der künftigen Teilhabe an der Herrlichkeit ewigen Lebens (1,22; vgl. Röm 5,5; 8,23).

Im Abschnitt VV. 6–10 zieht Paulus die Folgerung aus VV. 1–5, indem er an 4,16 anknüpft und versichert, wegen dieser Hoffnung immer (auch in Bedrängnissen) guten Mutes zu sein. Er erläutert das, indem er mit den Metaphern »daheim sein« und »in der Ferne sein« drei Antithesen bildet.

V. 6: Guten Mut verleiht dem Apostel erstens das Wissen darum (etwas anders EÜ), daß er während seines Daheimseins im sterblichen Leib (im irdischen Leben) noch fern vom Herrn (vgl. Phil 1,23; 1 Thess 4,17) und der wahren Heimat (Phil 3,20) ist. Die ihm jetzt auferlegten Nöte kann er wegen ihrer zeitlichen Begrenztheit (vgl. 4,17f) in Geduld hinnehmen. V. 7: Die Vorläufigkeit der gegenwärtigen Situation unterstreicht die angefügte Sentenz, daß für den irdischen Lebenswandel das Glauben charakteristisch ist und nicht das Schauen (wörtlich: »nicht durch eine [geschaute] Gestalt«; vgl. 1 Kor 13,12; Num 12,8; ferner Joh 20,29).

V. 8: Die V. 6 geäußerte Zuversicht erlaubt es Paulus zweitens, »mehr Wohlgefallen« (wörtlich) darin zu finden, »aus dem Leib in die Ferne zu ziehen« und »beim Herrn daheim zu sein«, d.h. bald zu sterben, um bei Christus zu sein (vgl. Phil 1,23), bzw. sich dem täglichen Sterben (vgl. 1 Kor 15,31; Röm 8,36) im Blick auf die erhoffte Vollendung auszusetzen. (Möglich ist nämlich auch die Übersetzung: »haben wir ein Wohlgefallen daran (V. 1), mehr aus dem Leib in die Ferne zu ziehen ...«, d.h. sich noch stärker auf das tägliche Sterben einzulassen.)

V. 9: In dieser Überzeugung ist der Apostel – drittens – eifrig bemüht und rechnet es sich zur Ehre an, dem Herrn wie ein Sklave wohlgefällig zu sein (vgl. 4,5; 1 Thess 4,1) und jederzeit vor ihm zu bestehen, sei er nun daheim (schon beim Herrn) oder noch in der Ferne (im irdischen Leben; vgl. Röm 14,8: »ob wir leben oder ob wir sterben ...«; ähnlich 1 Thess 5,10). Die aus rhetorischen Gründen zum dritten Mal gewählte Antithese »daheim« – »in der Ferne« (wörtlich) erlaubt dabei nicht die Folgerung, auch nach dem Tode gebe es noch ein Bemühen, dem Herrn zu gefallen (in Widerspruch zu V. 10).

V. 10: Der abschließende Hinweis auf das Gericht Christi (ähnlich 1 Thess 2,19; 1 Kor 5,4; Apg 10,42; Mt 25,31ff; Offb 19,11) und auf Lohn bzw. Strafe (vgl. 11,15; 1 Kor 3,12ff) motiviert zusätzlich den ganz von der Verantwortung gegenüber dem Herrn getragenen ständigen Dienst des Apostels. In den Augen Christi ist es nicht gleichgültig, ob wir Gutes oder Schlechtes in unserem irdischen Leben (wörtlich »im Leib«) tun. – Nach Röm 14,10 ist Gott der Richter (vgl. Offb 20,11). Die unterschiedlichen Angaben deuten an, daß die Gerichtsaussagen uns keine exakte Vorausschau auf ein Endgericht geben, sondern in bildhafter Sprache die Verantwortung für unser Tun einschärfen.

Die rhetorisch gestaltete und vermutlich auch auf die Widerlegung gegnerischer Argumente bedachte Darlegung des Apostels Paulus gibt als Wort Gottes allen Lesern zuverlässige Auskunft über die ihnen durch Jesu Tod und Auferstehung geschenkte Hoffnung. Das Leben des Menschen, auch des Getauften, ist ein »Sein zum Tode« (*M. Heidegger*) und gleicht einem »Zelt«, das einst abgebrochen wird und dessen Abbau sich schon in diesem Leben anzeigt: in Krankheit, Alter, Leid und Bedrängnis. Doch ist die christliche Existenz mehr als das; sie ist zugleich ein »Sein zur Auferstehung«: Durch Jesu Auferstehung ist uns die Hoffnung geschenkt, daß für uns schon eine neue, alle menschlichen Möglichkeiten überbietende »ewige Wohnung« bei Gott bereitsteht.

Als ein Hinweis auf dieses Ziel darf die allen Menschen eigene »Sehnsucht nach dem ganz anderen« (*M. Horkheimer*) gelten, die sich gerade bei denen äußert, die unter den vielfältigen Belastungen und »Minderungen« des Lebens »seufzen«. Solches Verlangen entspringt nicht bloß menschlichem Wunschdenken (mögen sich einzelne Faktoren auch psychologisch erklären lassen) und ist daher nicht als Illusion (*S. Freud*) oder billige Vertröstung (*K. Marx*) abzutun. Wie die Erfüllung im einzelnen geschehen wird, bleibt uns Menschen verborgen. Wie Paulus können wir darüber nur in Bildern sprechen, die aber bei aller Bildhaftigkeit deutlich von der Überwindung des Todes und einer ganz neuen Existenz des einzelnen sprechen.

Grund dieser uns durch Christus geschenkten Hoffnung ist letztlich Gott, der sich Israel als Retter aus Todesgefahren und Herr über den Tod zu erkennen gab: »Gott ist ein Gott, der uns Rettung bringt, Gott, der Herr, führt uns heraus aus dem Tod« (Ps 68,21). Was Menschen nicht vermögen, steht in seiner Macht. Den Getauften schenkt er Anteil an seinem Heiligen Geist und damit schon in diesem Leben den verhüllten Anfang des ewigen Lebens, dessen Herrlichkeit am Ende allen sichtbar werden wird. Diese anfanghafte Teilhabe am Leben Gottes läßt Christen ihr Leben und das aller Menschen in neuem Licht und mit Zuversicht sehen.

Durch diese Hoffnung auf Auferstehung und ewiges Leben ermutigt uns Gott, wie Paulus auch inmitten der Bedrängnis nicht zu verzagen. Er gibt uns aber zu bedenken, daß dieses irdische Leben zwar schon Teilhabe am ewigen, aber noch nicht dessen Vollendung ist. Im Blick auf das endgültige »Daheim« beim auferstandenen Herrn sind wir jetzt noch in der »Ferne«. Ob Paulus hier über die Sehnsucht nach dem »Heimgang« im persönlichen Tod oder bei der allgemeinen Auferstehung spricht, muß offenbleiben; jedenfalls beschränkt sich seine Hoffnung nicht auf ein irdisches »Reich Gottes«, so viel die Menschen damals und heute davon träumen mögen. Christliche Hoffnung ist wesentlich auf eine Zukunft ausgerichtet, die diese Welt übersteigt. Nur wer dies bedenkt, »bleibt« wirklich »der Erde treu« (*F. Nietzsche*), die für sich allein dem Menschen keine bleibende Heimat bieten kann. Außerdem gibt der Glaube an die Auferstehung der Toten letztlich erst allem Bemühen in dieser Welt einen bleibenden Sinn (vgl. 1 Kor 15,58).

Das Wissen um dieses Ziel ermutigt und verpflichtet uns, immer so zu handeln, wie es dem Willen des Herrn entspricht, damit wir ihm Rechenschaft ablegen können. Es ist für ihn und für uns nicht gleichgültig, wie wir mit den uns geschenkten Gaben (Talenten: Mt 25,14–20) umgehen, damit das Werk des Herrn – auch durch unsere Mitarbeit (vgl. 1 Kor 3,9) – seine Vollendung finde.

Jesu Liebestat als Motiv für das Verhalten des Apostels (5,11–19)

Paulus geht nochmals auf seinen apostolischen Dienst ein, um sich gegenüber Einwänden zu verteidigen. Dabei legt er zunächst den tiefsten Beweggrund seines Verhaltens dar (5,11–19): die Liebestat Christi, die ihren Urgrund in Gott hat, der durch sie die Welt aus ihrer Verstrickung in Sünde und Tod befreite und dazu den Dienst sowie das Wort der Versöhnung stiftete.

V. 11: Angeregt durch den Gedanken an das Gericht (V. 10), gesteht Paulus sein Wissen um »die Furcht des Herrn« (wörtlich), wobei er die alttestamentliche Wendung (z.B. Jes 11,2) auf Christus bezieht (ähnlich 7,1). Damit ist keine Angst gemeint, sondern die mit dem Glauben verbundene Ehrfurcht vor dem, dessen »Sklave« (Röm 1,1) der Apostel ist und dem er Rechenschaft schuldet (vgl. Phil 2,12f). Als solcher will er Menschen »überreden« (wörtlich; wohl ein von den Gegnern erhobener Vorwurf) und zum Gehorsam des Glaubens führen (Röm 1,5), aber in ständiger Verantwortung vor Gott, dem jedes Tun klar erkennbar ist. Paulus hofft, daß sein lauteres Verhalten auch von den Korinthern in ihrem »Gewissen« (wörtlich) klar erkannt wird (vgl. 4,2). V. 12: Da diese Selbstverteidigung auch als Selbstempfehlung ausgelegt werden kann, betont Paulus, daß er ihnen damit – im Gegenteil – Anlaß gibt, sich seiner zu rühmen (vgl. 1,14) gegenüber denen, die sich »im Angesicht« (wörtlich), d.h. äußerer Vorzüge rühmen (vgl. 11,18; wohl auch ekstatischer Phänomene: 12,3 ff), nicht aber »im Herzen« (wörtlich), d.h. ihrer verborgenen Gaben (vgl. 1 Kor 14,2; Röm 2,28). V. 13: Diese Gegenüberstellung erklärt Paulus damit, daß seine ekstatischen Erfahrungen allein auf Gott bezogen und darum keine persönlichen Ruhmestitel oder Legitimationsausweise sind (1 Kor 14,2; vgl. 12,1 ff); sein wahrnehmbares Verhalten gegenüber den Korinthern darf hingegen als nüchtern und besonnen gelten (vgl. Röm 12,3).

V. 14: Motiv für das Verhalten des Paulus sind nicht ekstatische Erfahrungen, wie sie die Gegner bei ihm vermissen, sondern die Liebe Christi zu ihm, die er im folgenden näher bestimmt. Sie hat Paulus ergriffen und drängt ihn; denn er ist zu einem bestimmten Urteil über Christi Tod gekommen, das er in enger Anlehnung an urkirchliche Glaubensformeln zusammenfaßt (vgl. 1 Kor 15,3; Mk 14,24 par): Als »einer« ist Christus aus Liebe »für alle« Menschen (d.h. zu ihren Gunsten bzw. stellvertretend für sie) am Kreuz »gestorben«; dadurch sind grundsätzlich »alle« mit ihm »gestorben« (nicht medizinisch, sondern im Sinn des in der Taufe sakramental besiegelten Sterbens für die Welt der Sünde; vgl. Röm 6,2–5). Bei »alle« denkt Paulus zunächst wohl nur an die Getauften. Er folgert daraus, daß die Liebe Christi auch ihm persönlich geholfen hat (so bes. nach Gal 2,20; vgl. Röm 5,5; 8,35.39). Diese Liebe Christi zu ihm läßt Paulus nicht mehr los.

V. 15: Ziel des Sterbens Christi ist es, wie der Apostel in einer eigenen Kommentierung alter Glaubensformeln erläutert, daß »die Lebenden« (die trotz ihres Einbezugs in den Tod Christi jetzt noch auf dieser Welt sind) nicht mehr »für sich selbst leben« (vgl. 1 Kor 6,19), sondern für Christus, der für sie starb und auferstand, um ihnen an seinem wahren Leben Anteil zu geben; deshalb gehören sie Christus an (vgl. Röm 14,8; 1 Kor 3,23). Was für »alle« zutrifft, das gilt besonders für den Apostel: Er ist mit Christus gestorben (»gekreuzigt« Gal 2,19) und gehört nicht mehr sich selbst, sondern Christus.

V. 16: Aus dieser Beurteilung des Todes und der Auferstehung Jesu folgt für Paulus: Die Kenntnis eines Menschen »nach dem Fleisch« (wörtlich), d.h. auf rein irdische Weise und unter Berücksichtigung äußerer Vorzüge, zählt jetzt, seit dem Tod Jesu, nicht mehr. Der Apostel bezieht dies – wohl veranlaßt durch gegnerische Einwände – auch auf die Kenntnis von Christus: Selbst wenn er früher (vor seiner Begegnung mit dem Auferstandenen) wie die anderen Apostel Christus auf irdische Weise kannte (durch eine Begegnung oder – wohl eher – aufgrund von Nachrichten), kennt er ihn jetzt so nicht mehr. Paulus lehnt damit nicht jedes Interesse am irdischen Jesus (Christus dem Fleische nach) ab, sondern eine Beurteilung rein »dem Fleische nach«. V. 17: Die eben gezogene Folgerung unterstreicht der Apostel durch eine generelle, doppelgliedrige Aussage: Wer »in Christus ist«, d.h. durch die Taufe mit ihm gestorben ist im Hinblick auf die Auferstehung (vgl. Röm 6,3–5), ist schon »eine neue Schöpfung«. Was viele Juden für die ganze Welt erhofften (vgl. Jes 65,17; 66,22), bezieht Paulus hier (wie Gal 6,15) auf den einzelnen Getauften: Da er tot ist für die alte Welt, hat er jetzt schon Anteil an der neuen. Deshalb untersteht er auch nicht mehr der Tora des Alten Testaments (vgl. Röm 7,4–6; Gal 2,19) und der Macht des ewigen Todes (vgl 1 Kor 15,21; Röm 8,1f). Der Nachsatz erläutert dies mit einer Anspielung auf Jes 43,18f: »denkt nicht mehr an das, was früher war ... seht her, ich mache etwas Neues«.

V. 18f: »Aber das alles«, d.h. was vorher über Jesu Liebestat und die dadurch gegebene neue Schöpfung gesagt wurde, hat Gott zum Urheber. Paulus legt dies in zwei parallel gebauten doppelgliedrigen Sätzen dar:

V. 18: Gott hat uns »durch Christus mit sich versöhnt«. Der aus dem Alltag übernommene Begriff »versöhnen« (der griechische Ausdruck *katallasso* bedeutet etymologisch »ändern«) meint hier bildhaft die Aufhebung des durch die Sünde entstandenen Feindverhältnisses: Gott macht die Sünder durch Christus zu neuen Menschen, die als Gerechtfertigte Zutritt zu ihm haben (vgl. Röm

5,1 ff). Zusätzlich zu dieser Versöhnungstat Christi hat Gott Paulus (»uns«) den »Dienst der Versöhnung« übertragen. Die durch Christi Tod bewirkte Versöhnung bedarf also der Vermittlung durch dazu bestellte »Diener« wie Paulus.

V. 19: Dasselbe wiederholt und verdeutlicht Paulus (vielleicht unter Verwendung einer alten Formel: vgl. Kol 1,20), indem er die Bedeutung dieser von Gott durch Christus bewirkten Versöhnung auf das All ausdehnt: Gott handelte in Christus (die Übersetzung »Gott war in Christus« [*M. Luther*] wird dem griechischen Text nicht gerecht) und versöhnte durch ihn die Welt; seine Liebestat geht also alle Menschen an, da Gott ihnen nun ihre Sünden nicht mehr anrechnet. Das Nicht-Anrechnen der Schuld bezeichnet hier bildhaft die Tilgung der Sünden durch das Gerechtmachen (die Rechtfertigung) der Sünder (vgl. Röm 3,24; 6,6–10). Zusammen mit dieser Versöhnungstat hat Gott (wie nach V. 18 »den Dienst«) »unter uns das Wort der Versöhnung eingesetzt« (wörtlich). Die durch Paulus in der Kirche ergehende Predigt von der durch Christus ermöglichten Rechtfertigung (vgl. V. 20 ff) ist wie die Versöhnungstat selbst ein Geschenk Gottes; sie geschieht nicht aus menschlicher Initiative.

Was Paulus hier den Korinthern zu seiner Verteidigung schreibt, ist uns in der Kirche als ein Wort Gottes anvertraut, das uns tief in das Geheimnis christlicher Existenz einführt: Wie der Apostel sind letztlich alle Christen aufgerufen, andere »zu überreden«, d. h. zum Glauben an Christus zu führen; allerdings muß dies im ehrfürchtigen Blick auf den Herrn geschehen und in der ständigen Bereitschaft, Gott darüber Rechenschaft zu geben. Allzu leicht fallen wir, wie die von Paulus getadelten Gegner, der Versuchung zum Opfer, uns selbst äußerer Vorzüge wegen zu rühmen. Für uns wie für Paulus gilt, daß besondere religiöse Erfahrungen nicht für die Öffentlichkeit bestimmt und nicht zur Legitimation der Predigt geeignet sind. Kirchliche Verkündigung muß deshalb bei aller Begeisterung immer von Nüchternheit und Besonnenheit bestimmt bleiben *(sobria ebrietas)*.

Die Worte des Apostels über das wesentliche Motiv seines apostolischen Handelns laden uns – als Wort Gottes – ein, uns immer wieder neu auf die alte kirchliche Verkündigung von Christi Liebestat zu besinnen und uns dadurch von seiner Liebe ergreifen zu lassen: Er ist für uns gestorben, hat uns Anteil an seinem Sterben und Auferstehen gegeben, so daß wir jetzt ihm gehören und für ihn leben (vgl. 1 Kor 15,21 f). Die Aussage über Jesu Liebe zu Paulus und zu uns als Motiv seines Sterbens setzt voraus, daß der auf Golgota Gekreuzigte – unbeschadet seiner vollen Menschheit – den Tod annahm als jemand, der in irgendeiner Weise um alle Menschen wußte und weiß. Die von Paulus gewählte Formulierung »also sind alle gestorben« zeigt an, daß Jesu stellvertretendes Sterben nicht als bloße Ersatzleistung aufgefaßt werden darf (dann dürfte niemand mehr sterben). Wer die kirchliche Verkündigung der Liebestat Jesu, des wichtigsten Ereignisses der Weltgeschichte, recht bedenkt (vgl. Gal 2,20f; Röm 5,8) – ihre höchste Form ist die Feier der Eucharistie (1 Kor 11,26) –, vermag dann wie Paulus zu sprechen: »Mein Leben ist Christus, und Sterben ist für mich Gewinn« (Phil 1,21). Im Licht weiterer Aussagen der Bibel (z.B. Joh 15,12–15) führt solches Ergriffensein von der Liebe Christi dazu, in ihm unseren »Freund« zu erkennen: Seine Liebe zu uns entzündet unsere Liebe zu ihm, die sich in einem Leben für Christus und sein Werk (im Einsatz von Zeit, Lebenskraft, Beruf u.a.) äußert.

Die Erkenntnis der Liebestat Christi bewirkt eine neue Sicht der Welt, eine neue Beurteilung der Vorgänge und Menschen: nicht nach den Maßstäben des rein Irdischen (»dem Fleische nach«), sondern aus der österlichen Perspektive der neuen Schöpfung. Die gemeinsame sonntägliche Verkündigung der Liebestat Christi in der Eucharistie kann immer neu den Blick für diese wahre Sicht der Welt öffnen.

Durch die Verteidigung des Apostels erinnert uns Gott heute noch daran, daß die Versöhnungstat Christi von ihm (dem Vater) ausgeht: Er befreit uns aus unserer Entfremdung und Sünde, um mit ihm versöhnt zu werden und in Einklang mit ihm zu leben. Die uns durch Paulus als authentische Offenbarung Gottes vermittelte Botschaft von der Versöhnung zwingt uns, manche im Laufe der Frömmigkeitsgeschichte entstandene Fehlformen der Erlösungslehre zu korrigieren: Jesu Tod diente nicht dem Ziel, einen erzürnten Gott gnädig und versöhnlich zu stimmen; vielmehr ging die Initiative ganz von Gott aus, der uns aus Liebe (vgl. Röm 5,8; Joh 3,16) die Möglichkeit schenkte, durch Jesu Tod mit ihm versöhnt und so zu anderen Menschen zu werden. (In diesem Sinn sind auch die paulinischen Aussagen über Jesu Tod als »Sühne« für unsere Sünden zu verstehen [Röm 3,25]: Nicht Gottes Zorn sollte durch das Opfer besänftigt, sondern wir sollten entsühnt und geheiligt werden.)

Zum Liebeswerk Gottes und Christi gehören auch der von Gott stammende »Dienst der Versöhnung« und »das Wort von der Versöhnung«. Diese für das kirchliche Amtsverständnis wichtige Aussage lehrt, daß die für den Glauben und die Teilhabe am Versöhnungsgeschehen notwendige Verkündigung nicht auf menschlicher Einsicht beruht, sondern von Gott selbst stammt und durch ihn autorisiert ist. Nach gemeinsamer frühkirchlicher Auffassung (vgl. 1 Tim 4,14; 2 Tim 1,6; 1 Clem 42,1–4; 44,1–3) wurde dieses Amt zur Verkündigung der uns geschenkten Versöhnung von den Aposteln durch Handauflegung (Ordination) auf ihre Nachfolger und durch diese auf die späteren Amtsträger in der Kirche übertragen. Abgesehen von jüngeren Infragestellungen jedes besonderen Amtes in der Kirche stimmen alle Christen darin überein, daß es zu einem solchen Amt auch heute noch einer besonderen Beauftragung (Ordination, Weihe) bedarf, mögen die einzelnen Konfessionen auch in deren näherer Bestimmung unterschiedliche Auffassungen vertreten.

Die Ausübung des Dienstes der Versöhnung (5,20 – 6,10)

In Fortführung seiner Angaben über die Liebestat Christi und den Dienst der Versöhnung schreibt Paulus jetzt über die Ausübung des ihm anvertrauten Amtes. Nach einer allgemeinen Charakterisierung (V. 20) und einer Angabe des Verkündigungsinhalts im Blick auf die Leser (V. 21) konkretisiert er seine Ausübung unter Berufung auf das Alte Testament (6,1f) und verteidigt sie durch eine strophenartige Aufzählung seines Verhaltens (6,3–10) gegenüber Einwänden.

V. 20: Wie ein bevollmächtigter Gesandter (kaiserlicher Legat) steht der Apostel »für Christus«, d.h. »an Christi Statt«, indem er in der Predigt als sein Sprecher fungiert (»wir bitten an Christi Statt«). Letztlich aber verschafft er dadurch der Mahnung Gehör, sich mit Gott versöhnen zu lassen, d.h. durch die Annahme des »Wortes von der Versöhnung« (V. 19) von der Sünde befreit zu werden und nicht mehr als Feind Gottes dazustehen (vgl. Röm 5,1.10). Wenn Paulus dies den bereits Getauften schreibt, fordert er sie auf, die in der Taufe schon erfahrene »Versöhnung« zu aktualisieren. Dazu gehört für den Apostel wohl auch – vielleicht wählt er deshalb diese Ausdrucksweise –, sich untereinander und mit ihm auszusöhnen.

V. 21: Paulus erläutert den Versöhnungsruf durch die Angabe seines Inhalts. Rhetorisch pointiert stellt er gegenüber: die Sündenlosigkeit Christi, die der Urkirche in der Reflexion über Jesu Tod (nicht für seine, sondern für unsere Sünden: 1 Kor 15,3; vgl. Jes 53,5.9) bewußt wurde, und die »Sünde« (hier = Sündopfer: Lev 4,13–21 LXX oder eigenwillige Bezeichnung der Kreuzigung, die als Fluch und Gottferne galt: vgl. Gal 3,13), zu der Jesus »gemacht« wurde, als Gott ihn ihr auslieferte (Jes 53,6). Letzteres geschah »für uns« (zu unserem Heil und an unserer Stelle: vgl. zu V. 14), damit wir (die Sünder) in einem »wunderbaren Tausch« (römische Liturgie) nunmehr »Gottesgerechtigkeit in ihm (Christus)« sind, d.h. in der Lebensgemeinschaft mit Christus an Gottes bundesgemäßem, liebendem Verhalten Anteil bekommen. Der zunächst schwer verständliche Vers erschließt sich so als eine zum Nachdenken anregende Neuformulierung der in V. 14f angeführten urkirchlichen Verkündigung von Jesu Tod und Auferstehung. Mit paradox klingenden, in der Verwendung von »Sünde« und »Gerechtigkeit« vom alltäglichen Sprachgebrauch abweichenden Worten betont Paulus nochmals (wie V. 18), daß der Urheber unserer Erlösung Gott selbst ist und nicht der Mensch.

Kap. 6,1: Mit einer weiteren Verdeutlichung will Paulus der Gefahr einer Ablehnung seines im Namen Gottes gesprochenen Versöhnungsrufes entgegenwirken: »Als Mitarbeiter« (Gesandter) Gottes (vgl. 5,20; 6,4; 1 Kor 3,9; 1 Thess 3,2 meint damit Timotheus) »ermahnt« (5,20) er die Korinther, die von Gott in Christus geschenkte Versöhnung (V. 18f: »die Gnade Gottes«) doch nicht vergeblich zu empfangen (vgl. Phil 2,16; Gal 3,4), sondern sie sich durch ein entsprechendes Leben anzueignen. V. 2: Der Apostel begründet seine ernste Mahnung (vgl. 6,14 – 7,1) mit dem als Wort Gottes (»er [Gott] sagt«) zitierten Text von Jes 49,8: Die dem Gottesknecht für die von Gott bestimmte Zeit zugesagte Rettung (vgl. Jes 49,6.9) ist für Paulus eine allgemeine Heilsverheißung, die er auf die Gegenwart bezieht: Die Leser leben wie Paulus »am Tag des Heils«, da Gott ihr Flehen um Rettung hört und ihnen durch Christi Versöhnungstat hilft. Mit dem Bibelzitat bringt Paulus wieder zum Ausdruck, daß letztlich nicht er, sondern – durch ihn – Gott zur gläubigen Annahme der in Christus geschenkten Hilfe ruft.

VV. 3–4a: Die ernste Mahnung zur Annahme des jetzt ergehenden Heilsangebotes Gottes unterstreicht der Apostel durch den Hinweis auf seine Amtsführung: Er will keinen Anlaß zum Tadel (etwa durch unlauteres Verhalten oder gar Habgier: vgl. 4,2; 7,2; 12,14–17) geben, sondern sich in allem als »Diener Gottes« (d.h. Gesandter und Mitarbeiter: 5,20; 6,1) erweisen (vgl. auch »Diener Christi« 1 Kor 4,1; »Knecht Christi« Röm 1,1). Das veranschaulicht er durch eine strophenartige Aufzählung von Tugenden und Situationen der Bewährung (Peristasen), die auch sonst bei ihm (wie bei den stoischen Philosophen) belegt ist (vgl. 4,7–10; 11,23–27; 1 Kor 4,9–13). VV. *4b*–5: Den Anfang (1. Strophe) bildet die Betonung der großen Standhaftigkeit sowohl in den durch Verfolgungen bewirkten Widrigkeiten (vgl. 11,23–26) als auch bei der Ausübung seines Berufes (11,27–29). VV. 6–7a: Die anschließend (2. Strophe) aufgezählten Tugenden gelten als Gaben des Heiligen Geistes (vgl. 1 Kor 12,8; 13,4; Gal 5,22f) und sind begleitet von besonderen Geisterfahrungen (12,12; Gal 3,4f), die helfen, das Evangelium in Wahrheit und in Gottes Kraft (vgl. 1 Kor 2,4f) zu verkünden. VV. *7b*–8b: Im Bild der Waffenrüstung (vgl. 1 Thess 5,8; Röm 13,12; Eph 6,11f) beschreibt er dann (3. Strophe) seinen Dienst als den eines von Gott ausgerüsteten, unerschrockenen Verkündigers, den weder Ehre und Lob, noch Unehre und Verleumdung hindern können. VV. 8c–10: Zuletzt (4. Strophe) stellt er (wie in 4,8–10) dem negativen Anschein (Betrüger, verkannt, sterbend, gezüchtigt, betrübt, arm, nichts habend) jeweils die positive Deutung gegenüber (wahrhaftig, anerkannt, wir leben, nicht dem Tod preisgegeben, immer froh, viele bereichernd, alles besitzend), welche in der Zugehörigkeit zum neuen, durch Christus eröffneten Lebensbereich (dem Reich Gottes bzw. Christi; vgl. Kol 1,13) gründet.

Was Paulus hier den Korinthern über seine Ausübung des Versöhnungsdienstes schreibt, geht als Wort Gottes jeden an. In der Kirche gibt es – nach Gottes Willen – besonders Beauftragte, die als bevollmächtigte Nachfolger der Apostel (s. zu 5,18f) im Namen Gottes und an Christi Stelle die Christen ermahnen, die ihnen in der Taufe geschenkte Versöhnung mit Gott anzunehmen. In analoger Weise sind aber alle Getauften und Gefirmten zur Bezeugung des Wortes der Versöhnung aufgerufen. Durch sie wie durch die Amtsträger wendet sich Gott an alle und fordert er alle zur Entscheidung heraus.

Das zentrale und eigentümliche Thema dieser amtlichen Verkündigung ist die Versöhnungstat Gottes in Jesu Tod und Auferstehung. Die Botschaft davon ist, wie das Vorgehen des Apostels zeigt, im Blick auf die Adressaten jeweils neu zu formulieren. Um sie anzusprechen, ist mitunter eine zum Nachdenken zwingende paradoxe Ausdrucksweise nötig, die hellhörig macht für den »seligen Tausch«; durch diesen allein werden wir aus Sündern, die dem ewigen Tod verfallen sind, zu »Gerechten«, und zwar dank der Teilhabe am Leben und der Herrlichkeit des Auferweckten. Diese kurze Zusammenfassung der apostolischen Verkündigung (eine Art »Kurzformel« wie 1 Kor 15,3–5) ruft uns die Mitte kirchlicher Predigt in Erinnerung, der alle anderen Themen und Aktivitäten unterzuordnen sind.

Angesichts der Gefahr, die angebotene und geschenkte Gnade der Versöhnung, die neue Lebenschance, vergeblich zu erhalten, sind die Amtsträger und mit ihnen alle Getauften als »Mitarbeiter« Gottes berufen, die ihnen anvertrauten Menschen (in Gemeinde, Familie, Schule und Öffentlichkeit) auf geeignete Weise zu ermahnen, sich der heute erfolgenden Rettung durch Gott nicht zu verschließen. Was nämlich »jetzt« – nicht bloß bei der ersten Missionierung – geschieht, bedeutet die Erfüllung der im Alten Testament ergangenen Verheißung und weist der Zeit nach Jesu Tod und Auferstehung besondere Bedeutung zu. Darum ist heute schon der »Tag des Heils«, mag auch seine Vollendung noch ausstehen, wie die aus dem Alten Testament (Am 5,16–20) übernommene und jetzt auf Christus bezogene Rede vom »Tag des Herrn« (1 Thess 5,2; 1 Kor 1,8) bzw. »Tag Christi« (Phil 1,6.10; 2,16) andeutet. Durch die neuinterpretierten Prophetenworte der Vergangenheit spricht Gott selbst uns in der Gegenwart an. In ihrer Aktualisierung durch den

Apostel und die Kirche sind die alten Bibelworte also Worte Gottes an uns.

Das hohe Amt des Apostels als »Diener Gottes« und »Diener Christi« stellt an ihn hohe Anforderungen, will er nicht an der Ablehnung seiner Botschaft mitschuldig werden. Durch die aufgezählten Bewährungen und Tugenden hält Gott jedem Verkünder, ob Amtsträger oder Laie, einen Gewissensspiegel vor Augen. Dieser hat um so mehr Bedeutung, als die Kirchengeschichte und auch die heutige Situation der Kirche lehren, welches Ärgernis die »Diener« des Evangeliums häufig gegeben haben und geben, so daß vielen die Annahme der Botschaft von Gottes Liebestat erschwert oder gar unmöglich gemacht wurde und wird.

Abschließende Ermahnung der Korinther (6,11 – 7,4)

Die 2,14 begonnene Ausführung über das apostolische Amt beschließt Paulus, indem er sich, den Gesetzen antiker Rhetorik für den Abschluß einer Rede entsprechend, mit einer herzlichen, aber eindringlichen Ermahnung *(peroratio)* an die Korinther wendet.
Der Abschnitt 6,14 – 7,1 erweckt dabei den Eindruck eines Einschubs (s. o. S. 15f). In der vorliegenden Textüberlieferung kann er – bei Annahme einer Abfassung durch Paulus – als erneute Warnung (in Form von rhetorischen Fragen und aneinandergereihten biblischen Zitaten) vor dem Sympathisieren mit den Gegnern (hier als »Ungläubige« apostrophiert, vgl. 11,13–15) verstanden werden.

V. 11: Nach dem zuletzt (VV. 8–10) gebotenen Einblick in sein Wirken redet Paulus jetzt die Korinther persönlich (vgl. Phil 4,15), gleichsam beschwörend an. Er beteuert, offen zu ihnen gesprochen und sein Herz für sie weit gemacht zu haben. V. 12: Die Korinther nehmen also bei ihm (in seinem Herzen) keinen bescheidenen Platz ein, wie ihm vielleicht vorgeworfen wurde (vgl. 7,3). Eng ist hingegen ihr eigenes Herz, wenn sie sich seinem Bemühen um sie und um Aussöhnung engherzig verweigern. V. 13: Darum fleht er sie vertrauensvoll als »Kinder« (vgl. 1 Kor 4,14; Gal 4,19) an, in Erwiderung seiner Weitherzigkeit auch ihrerseits ein offenes Herz zu zeigen (ähnlich 7,2f).

V. 14: Ganz überraschend – im Vergleich zur eben betonten Offenherzigkeit – warnt der Verfasser nun vor einer Gemeinschaft der Getauften mit heidnischen Mitbürgern (vgl. Eph 5,7.11). Er greift dabei das Verbot von Dtn 22,10 auf, zwei ganz verschiedene Tiere, Ochs und Esel, zusammen vor einen Pflug zu spannen, und erläutert das durch zwei rhetorische Fragen, welche die Unvereinbarkeit von gnadenhaft geschenkter Gerechtigkeit und heidnischer Gesetzlosigkeit, von Licht und Finsternis (vgl. 1 Thess 5,5; Röm 13,12) zu bedenken geben. V. 15: Die beiden folgenden Fragen zeigen: Hinter diesen Gegensätzen steht letztlich jener zwischen Christus und dem Herrscher der Finsternis Beliar (griech. Abwandlung des hebr. *belia'al,* einer im Judentum geläufigen Bezeichnung für den Teufel). Deshalb darf der an Christus Glaubende keine gemeinsame Sache mit den Ungläubigen machen. V. 16: Die letzte Frage betont die Unvereinbarkeit zwischen dem Tempel Gottes und den Götzenbildern (in heidnischen Tempeln bzw. im jüdischen Tempel, wo ihre Aufstellung als »Greuel« galt: Dan 9,27). Diesen Gegensatz überträgt der Verfasser auf die Gemeinde: Sie ist Tempel des lebendigen Gottes (vgl. 1 Kor 3,16; 6,19). Als Beleg dafür dient – zu Beginn der frei verbundenen Zitate aus dem Alten Testament – die dem Volk Israel von Gott geschenkte Verheißung seiner Gegenwart; sie wird hier auf die Kirche bezogen. V. 17f: Wegen dieser Sonderstellung wird, unter ausdrücklicher Berufung auf ein Wort Gottes, die entschiedene Absonderung von den Heiden gefordert, wie sie im Alten Testament um der kultischen Reinheit willen (Jes 52,11) von den Leviten verlangt wurde. Als letztes Motiv dient eine als Wort Gottes, des Allherrschers (*Pantokrator:* griech. Übersetzung von »JHWH Zebaot«), ausgewiesene und (wie V. 6) auf die Gemeinde bezogene Verheißung seiner besonderen väterlichen Zuwendung. Auffallenderweise werden dabei die Worte »zu Söhnen« aus Jes 43,6 durch »und Töchtern« (vgl. Gal 3,28) ergänzt. Kap. 7,1: Der Besitz dieser »Verheißungen« erfordert von den angesprochenen »Geliebten« (aus dem Alten Testament [vgl. Dtn 7,8; Hos 11,1] übernommener Titel der Christen; vgl. 12,19; 1 Kor 10,14; Röm 1,7; 11,28), sich anders als die Heiden von jeder Befleckung ihrer Person (»Fleisch und Geist« bezeichnen den ganzen Menschen) durch ein lasterhaftes Leben zu reinigen und, getragen von der Ehrfurcht vor Gott, ihre Gottzugehörigkeit durch entsprechende Heiligung zu vollenden (vgl. 1 Thess 4,3; Lev 19,2).

V. 2: Die Bitte »gebt uns Raum« (wörtlich) greift die von 6,11f auf; Paulus ergänzt sie durch die entschiedene Zurückweisung von drei schweren Verdächtigungen, die gegen ihn vorgebracht werden: ungerechte Härte (vgl. 6,12), Vernichten durch Verführung zum Verderben (vgl. 1 Kor 8,11) und finanzielle Ausnutzung (s. zu 12,14–17). V. 3: Der Apostel versteht seine Verteidigung aber nicht als Verurteilung der Korinther; er sieht sie vielmehr in Verbindung mit der (mündlich oder in 6,11–13) ausgesprochenen freundschaftlichen Beziehung: »daß ihr in unserem Herzen seid zum Mit-sterben und Mit-leben« (wörtlich). Die einem antiken Freundschaftstopos entsprechende Ausdrucksweise (vgl. 2 Sam 15,21) erhält durch ihren Bezug auf die Teilhabe an Jesu Sterben und Leben (4,10–12; vgl. 2 Tim 2,11) besonderes Gewicht. V. 4: Paulus beschließt die Aussagen, indem er seinen »Freimut« (das von Vertrauen getragene offenherzige Aussprechen) gegenüber den Korinthern und seinen berechtigten Stolz auf sie (vgl. 1,14; 8,24) betont. Er kann sogar – wohl aufgrund neuer Nachrichten (vgl. VV. 7–13) – von großem Trost (nach beängstigender Sorge) und überströmender Freude in all seiner Bedrängnis sprechen (vgl. V. 16; 1,3–7).

Diese auf die konkrete Spannung zwischen Paulus und der Kirche von Korinth bezogenen Worte werden heute als Wort Gottes an jede Gemeinde verkündet. Zunächst wird damit allen Gemeindeleitern nahegelegt, für die ihnen Anvertrauten immer ein offenes Herz zu haben und ihr Reden davon leiten zu lassen. Zugleich werden aber alle Gemeindeglieder aufgefordert, nicht engherzig zu sein, weder gegenüber ihren Vorstehern, noch sonst. Diese Ermahnung zu einem herzlich-familiären Verhältnis innerhalb der Kirche schließt (wie in jeder Familie) keineswegs Konflikte aus; sie weist aber den Weg, wie solche in Liebe ausgetragen werden können.

Die ernste Warnung vor einer Anpassung an die heidnische Umwelt, die in gewissem Kontrast zur Offenherzigkeit der vorangehenden Verse steht, warnt heute noch alle, Liebe und Toleranz nicht zu mißdeuten. (Vielleicht wurden diese Verse sogar eingefügt, um einem Mißverständnis von 6,11–13; 7,2–4 vorzubeugen.) Die hier gestellten Fragen ergehen an uns alle. Wir werden dadurch nicht zur völligen Trennung von den Heiden aufgefordert (vgl. 1 Kor 5,10), wohl aber zur Wahrung unserer christlichen Identität. Weil wir heute wissen, daß selbst bei vielen Heiden hohe sittliche Werte und Spuren göttlicher Offenbarung zu finden sind, müssen wir die apodiktisch klingenden Worte des Briefes im Licht der ganzen Bibel interpretieren. Das gilt auch für die gebotenen Zitate, eine Blütenlese alttestamentlicher Texte, die zum Teil schon christlich neuinterpretiert sind (vgl. die 6,17; 7,1 vorausgesetzte Umdeutung kultischer Reinheit in eine moralische Qualität). Die dreimal ausdrücklich als Wort Gottes zitierten Texte sind auch für uns heute »Verheißung« und »Zusage«. Sie fordern uns auf zu einem Leben in der besonderen Nähe Gottes: Weil er uns als seine Söhne und Töchter annimmt, müssen wir uns bemühen, in dieser Welt als Heilige zu leben und nach Vollkommenheit zu streben.

Die erneute Mahnung zur Offenherzigkeit (7,2) lädt uns ein, wie dem Apostel so vor allem Gott in unserem Herzen Raum zu geben. Er weiß um unsere Sünden und Schwächen, ist aber nicht auf unsere Verurteilung aus. Ferner fordert uns der Text auf, auch bei Konflikten nicht zu vergessen, daß wir als Getaufte »zum Mitsterben und Mitleben« mit Christus und untereinander zusammengehören. Diese innere Verbundenheit ermöglicht schließlich den echten »Freimut« (die vertrauensvolle offene Rede), die wahre Achtung anderer, die Tröstung nach Auseinandersetzungen und die Freude selbst in Bedrängnissen.

3. Freude über die Versöhnung mit der Gemeinde (7,5–16)

Nach der Darlegung über die Hoheit und Niedrigkeit seines Dienstes, der sogenannten »Apologie des Apostelamtes« (2,14 – 7,4), nimmt Paulus in 7,5 den Faden von 2,13 wieder auf, er berichtet über sein Zusammentreffen mit Titus. Dessen Nachricht über die gute Aufnahme des Tränenbriefes in Korinth und die dadurch bewirkte Aussöhnung mit der Gemeinde erfüllen Paulus mit Freude und veranlassen ihn, auf Ursache, Ziel und Wirkung des Tränenbriefes einzugehen sowie seine Hochschätzung des Titus zu bekunden.

V. 5: Bei seiner Ankunft in Mazedonien (vermutlich in Philippi) fand der Apostel (wörtlich: »unser Fleisch«) ähnlich wie in Troas (2,13) zunächst keine Ruhe. Der Grund waren äußere Anfeindungen (vielleicht im Zusammenhang mit einer Christenverfolgung durch Heiden und Juden: vgl. 1 Thess 1,6; 2,14–16; Apg

16,19–24; 17,5–9) und innere Ängste (vor allem die Sorge um die Korinther: vgl. 11,28). V. 6f: Die Wende, welche sich durch die Ankunft des Titus (s.o. zu 2,13) und dessen Nachricht ereignete, schreibt Paulus Gott zu, der nach Jes 49,13 »die Niedrigen tröstet« (vgl. 1,3f). Als von Gott geschenkten Trost wertet Paulus auch die durch Titus erfahrene Stärkung, da dieser ihm die Reaktion der korinthischen Gemeinde berichtet: ihre Sehnsucht nach einem neuen Besuch des Paulus, ihren Schmerz über das Vorgefallene und ihren Eifer im Eintreten für den Apostel. All das erfüllt den vorher so Bedrängten mit großer Freude.

V. 8f: Rückblickend gesteht Paulus, daß er jetzt seine scharfe Beurteilung des Zwischenfalls im »Tränenbrief« (2,2–4) nicht bereut; denn dieser hat die Korinther – entgegen seiner zeitweiligen Befürchtung – nur vorübergehend mit Trauer erfüllt, sie aber dann zur Freude des Apostels (vgl. 2,2) zu echter »Umkehr« (wörtlich) geführt. Ihre Trauer gilt ihm deshalb als »gottgemäß« (wörtlich), »damit« die Korinther durch ihn, d.h. durch sein Vorgehen, keinen Schaden erlitten. V. 10: Zur Begründung unterscheidet er in Form einer Sentenz zwei Arten von Trauer: 1. die gottgemäße Trauer, die zur Sinnesänderung bzw. zu einem neuen Anfang geleitet und ein nicht zu bereuendes Heil bewirkt; 2. die weltgemäße Trauer, die egoistischen Motiven entstammt, zu Verbitterung und Unrecht führt und ewigen Tod bewirkt (vgl. 2,7; Mt 27,3–5). V. 11: Weiterhin fordert Paulus die Korinther auf (wörtlich: »denn siehe...«), die segensreichen Wirkungen ihrer gottgemäßen Trauer zu beachten (vgl. V. 7). Die aufgezählten Effekte zeigen, daß sich die Korinther vom geschehenen Unrecht (2,5–11) distanzieren und eine Bestrafung des Schuldigen fordern. Dadurch erweist die Gemeinde, daß sie selbst in dieser Angelegenheit »rein« (wörtlich), also ohne Schuld ist, obwohl ihre mangelnde Distanzierung dies vorher nicht erkennen ließ. (Die Verwicklung der Gemeinde in die Schuld übergeht Paulus taktvoll.) V. 12: Abschließend geht Paulus auf den Grund seines Tränenbriefes ein: Es ging ihm nicht um die Bestrafung dessen, der durch den Angriff auf seine Person und sein Vorgehen ihm (oder noch einem Dritten) gegenüber ungerecht handelte (s. zu 2,5f); es ging ihm auch nicht um die eigene Rechtfertigung, sondern darum, daß die Einstellung der Korinther zu ihm in einer auch »vor Gott« geltenden Weise bei ihnen offenkundig werde. V. 13 a: Daß dies geschehen und das gestörte Verhältnis wiederhergestellt ist, erfüllt den Apostel mit Trost.

V. 13 b: Paulus ergänzt die Ausführungen über den ihm geschenkten Trost mit dem Hinweis, daß ihn noch mehr die Freude des Titus beglückte. Als deren Grund nennt er: »weil sein Geist (sein Inneres) von euch allen erquickt worden ist« (wörtlich; vgl. 1 Kor 16,18; Phlm 20), er also entgegen banger Befürchtung durch den freundlichen Empfang neuen Mut schöpfte. V. 14: Die gute Aufnahme beweist nämlich, daß Paulus sich nicht dafür zu schämen braucht, die Korinther früher Titus gegenüber gerühmt zu haben. Der Apostel rückt in diesem Zusammenhang noch einmal seine von den Gegnern bezweifelte Wahrhaftigkeit (1,17) ins rechte Licht: Wie in diesem Punkt so spricht er auch sonst die Wahrheit (4,2). V. 15: Zur Person des Titus vermerkt er noch – vielleicht im Blick auf die ihm bei der Kollekte zugedachte Aufgabe (8,16–24) –, daß dieser den Korinthern sehr zugetan ist; er erinnert sich nämlich ihres Glaubensgehorsams, der sich darin äußerte, daß sie ihn (Titus) als Boten des Paulus »mit Furcht und Zittern« (vgl. 1 Kor 2,3; Phil 2,12), d.h. letztlich mit der Gott geschuldeten Ehrfurcht und Demut (vgl. Ps 2,11), aufnahmen. V. 16: Paulus beschließt diesen Briefteil, indem er in Überbietung von VV. 7.13 nochmals seiner Freude und seinem Vertrauen zu den Korinthern Ausdruck gibt.

Wenn diese ganz auf die damalige Auseinandersetzung des Paulus mit den Korinthern bezogenen Aussagen heute als Wort Gottes verkündet werden, heißt das zunächst, daß uns das Ringen des Apostels um Aussöhnung mit der Gemeinde als Ermutigung und Trost vor Augen gestellt wird (vgl. Röm 15,4). Verkündigung des Evangeliums und Aufbau der Kirche geschehen nie ohne Spannungen und Enttäuschungen, aber auch nicht ohne Trost und Freude. Wie Paulus die Tröstung durch die Ankunft des Titus als Geschenk Gottes wertet, »der die Niedergeschlagenen aufrichtet«, dürfen auch wir in ähnlichen Erfahrungen Gottes Hilfe erkennen und mit ihr rechnen.

Das uns vor Augen gestellte Vorgehen des Paulus, der sich sogar zum »Tränenbrief« genötigt sah, belehrt uns von Gott her, daß die Zugehörigkeit zu Jesus Christus es mitunter fordert, Mißstände in der Kirche offen zu kritisieren, niemals aber um der Bestrafung anderer oder bloß um der eigenen Rechtfertigung willen. Darum hat auch in der Kirche eine »gottgemäße Trauer« ihren Platz, die zur Sinnesänderung führen soll. Sie ist eine Weise, die Kirche zu läutern, damit sie am Ende als makellose Braut dem Herrn gehört (11,2; vgl. Eph 5,27). In diesem Sinn können verschiedene Formen »gottgemäßer Trauer« alle zum Überdenken ihres bisherigen Handelns anleiten, damit sie das Heil erlangen, das niemals zu bereuen ist. Die Aussage über die für die Welt typische Traurigkeit warnt hingegen, sich durch eine solche nicht noch tiefer in die Sünde verstricken zu lassen.

Trost und Freude des Paulus dürfen als Ausdruck seiner lauteren Gesinnung gelten. Mit den betreffenden Worten des Apostels lädt Gott uns ein, uns über die Umkehr jedes Sünders und die Behebung jeder zwischenmenschlichen Spannung zu freuen (vgl. Lk 15,3–7). Die Mitfreude des Apostels mit Titus spornt alle an, sich über die Erfolge anderer mitzufreuen, statt aufeinander neidisch zu sein.

II. Empfehlungen der Kollekte für Jerusalem (8,1 – 9,15)

Paulus predigte nicht nur, er setzte sich auch für Geldsammlungen zugunsten der Notleidenden in Jerusalem ein. Auf dem Apostelkonzil hatte er eine solche Hilfsaktion versprochen (Gal 2,10); 1 Kor 16,1–3 gibt er den Korinthern dafür Einzelanweisungen; Röm 15,26–28 stellt er die persönliche Überbringung der Kollekte in Aussicht (vgl. Apg 11,29f). Diese Hilfe der Heidenchristen für die Urgemeinde war Ausdruck ihrer Verbundenheit mit Jerusalem als Ursprung der geistlichen Gaben (Röm 15,27); sie entsprach der Spende gottesfürchtiger Heiden für den Tempel in Jerusalem und vielleicht auch apokalyptischen Erwartungen vom Einbringen des Reichtums der Völker in die heilige Stadt (vgl. Jes 60 – 62).

Dieses Hilfswerk war (vielleicht durch den Zwischenfall in Korinth) offensichtlich ins Stocken geraten, jedenfalls nicht so fortgeschritten, wie Paulus erwartete. Deshalb geht er in zwei Kapiteln ausführlich und behutsam auf dieses mit seiner Verkündigung so eng verbundene Werk ein. Das Nebeneinander dieser beiden Kapitel im vorliegenden Brief – seien sie nun schon von Paulus zusammengestellt worden oder erst später (s.o. S. 15) – gibt den darin enthaltenen Worten des Apostels besonderes Gewicht.

1. Erstes Kollektenkapitel (8,1–24)

Nach dem Hinweis auf die vorbildliche Spendenfreudigkeit der Mazedonier erteilt Paulus konkrete Ratschläge für die Durchführung der Kollekte und empfiehlt abschließend die zu ihrer Durchführung von ihm und im Namen der Kirche gesandten Boten. Beachtenswert ist besonders, daß der Apostel die Kollekte als »Gnade« bezeichnet und die Durchführung – trotz der Verwendung damaliger Amtssprache – in engster Verbindung mit dem Erlösungswerk Christi sieht.

Die Kollekte als »Gnade« (8,1–10)

Paulus beginnt seine Ausführungen zur Kollekte, indem er den Korinthern in rhetorischer Diktion die Hochherzigkeit der Mazedonier vor

Augen stellt und sie dann ermutigt, auf ähnliche Weise der ihnen durch Christus erwiesenen Gnade zu entsprechen.

V. 1f: Die Anrede »Brüder« (vgl. 1,8; 13,11) markiert den Beginn des neuen Abschnitts. Die Beteiligung am Hilfswerk für Jerusalem in den Gemeinden Mazedoniens (vor allem Philippi und Thessalonich), wo Paulus sich aufhält, nennt er »Gnade« (*charis* = Huld, Liebeserweis; ebenso VV. 4.6.19; in der EÜ jeweils anders wiedergegeben). So bezeichnet Paulus vornehmlich den Gnadenerweis oder die Gnadengabe Gottes (z.B. 4,15; 6,1; 1 Kor 1,4; 3,10); hier deutet er damit tiefsinnig an, daß die Kollekte eine Antwort auf Gottes Gnadengabe darstellt, ein Weiterreichen dieser in eigene Spenden umgesetzten Gnade. Wohl in Anlehnung an die Gepflogenheit damaliger Rhetorik verweist er die Korinther auf das Beispiel der Mazedonier; er stellt ihrer Bedrängnis (verursacht durch Verfolgungen: 1 Thess 1,6; 2,14f) die aus dem Glauben stammende Gebe-Freudigkeit und ihrer sozialen Armut den Reichtum ihrer selbstlosen Spende gegenüber. V. 37f: Paulus unterstreicht das hohe Lob für die Mazedonier, indem er bezeugt, daß sie über ihr Maß (vgl. Mk 12,41–44) freiwillig spendeten und den Apostel sogar innigst baten, sich an dieser »Gnade« (EÜ »Gunst«) sowie der »Teilhabe an dem Dienst« (wörtlich) für die mit dem Ehrentitel »Heilige« (s. zu 1,1) bezeichneten Christen in Jerusalem beteiligen zu dürfen. V. 5: Die Mazedonier übertrafen dabei die Erwartungen des Paulus: Sie spendeten nämlich nicht bloß Geld, sondern haben »sich selbst hingegeben« (wörtlich), zuerst für den Herrn (vgl. Mt 25,40) und dann auch, dem Willen Gottes gemäß, für den Apostel. Die Kollekte ist für Paulus also Ausdruck der Selbsthingabe an Christus und der Verbundenheit mit ihm. V. 6: Angesichts dieses Eifers ermutigte Paulus den Titus (zu seiner Person s. 2,13; 7,5–7.13f), in seinem Auftrag erneut nach Korinth zu gehen (vgl. V. 17; 12,18), um »diese Gnade« (EÜ: »Liebestat«), die er bei einem früheren Besuch (vermutlich vor der Überbringung des Tränenbriefes 7,6f) begann, auch bei ihnen zu vollenden. (Auffallenderweise wird Titus 1 Kor 16,1–4 nicht erwähnt, wohl aber 16,10 Timotheus.)

V. 7: Nach dem Hinweis auf das vorbildliche Verhalten der Mazedonier spricht Paulus die Korinther direkt an. Er erinnert sie daran, daß sie »in allem überreich« sind, nämlich an den aufgezählten Gnadengaben (vgl. 1 Kor 1,5), zu denen Paulus auch ihren schon erwähnten Eifer (7,11 f) und ihre zur Versöhnung bereite Liebe (2,8) rechnet. Diesem außergewöhnlichen Reichtum (an Gnade) entsprechend sollen sie sich auch »an dieser Gnade« (EÜ: »an diesem Liebeswerk«) überreich beteiligen. V. 8: Der Apostel will dies aber nicht als Befehl verstanden wissen, sondern als Einladung, angesichts des Eifers der Mazedonier ihre eigene Liebe in wahrem Wetteifer zu erweisen. V. 9: Zur Begründung greift Paulus die vorher mehrfach gefallenen Stichworte »Gnade« und »reich« auf, um den Korinthern in einem einprägsamen, chiastisch strukturierten Spruch (reich – arm / Armut – reich) »die Gnade (Liebestat) unseres Herrn Jesus Christus« als wichtigstes Motiv in Erinnerung zu rufen: Er gab den Reichtum seiner himmlischen Existenz preis und wurde ihretwegen arm (in der Annahme einer armseligen, dem Tod preisgegebenen menschlichen Existenz: vgl. Phil 2,6–8), um in einem »wunderbaren Tausch« die armen, sündigen Menschen durch seine Armut reich zu machen (vgl. 2 Kor 5,21). Diese kunstvolle, den Korinthern zumindest inhaltlich schon bekannte Kurzfassung des urkirchlichen Bekenntnisses ist verwandt mit dem ausführlicheren Hymnus in Phil 2,6–11 und von dorther zu verstehen. Ein Bezug auf Jesu Leben in Armut liegt dabei nicht vor, obwohl die Erinnerung daran (vgl. Mt 8,20; Lk 9,58) diese Umschreibung des Geheimnisses der Menschwerdung angeregt haben mag.

Die von Paulus in einer konkreten Situation geschriebene Einladung zur Beteiligung am urkirchlichen Hilfswerk für Jerusalem ergeht an alle Christen als Wort Gottes. Dieses lehrt uns zunächst, die auch heute vielfach zu beobachtende Hilfsbereitschaft als »Gnade« zu betrachten: als geschenkte Möglichkeit, auf Gottes und Christi Gnade zu antworten. Damit erhält jede karitative Tätigkeit einen Wert, der die Dimension des bloßen Helfens übersteigt: Sie führt Gottes Liebeswerk fort und ist letztlich Hingabe an den Herrn.

Eine solche Antwort auf Gottes »Gnade« findet sich nicht selten bei denen, die selbst leidend, bedrängt und arm sind, sich aber gerade als solche herausgefordert fühlen, die ihnen erwiesene Huld

Gottes großzügig weiterzugeben und als Beschenkte andere zu beglücken. Wie Paulus dürfen solche Beispiele auch heutige Amtsträger anregen, andere zu ähnlichen Liebeswerken zu ermutigen, auch durch Übernahme organisatorischer Aufgaben. Ins Stocken geratene Hilfswerke bedürfen ja ständig neuer Impulse.

Ein wichtiges Motiv für jedes karitative Wirken ist nach diesen Worten der Reichtum an Gnadengaben jeglicher Art: Leben, Gesundheit, Beruf, Familie, Glaube. Das Bedenken der Überfülle an Gaben, die wir oft übersehen, muß uns anspornen, uns in einem Übermaß an Liebestaten zu verschenken, mitunter in edlem Wetteifer mit anderen, deren Freigebigkeit uns herausfordert. Solche menschliche Motivationen karitativer Dienste haben also ihre Berechtigung (im Unterschied zu jeglichem Zwang und Druck).

Höchstes Motiv ist aber »die Gnade« (Liebestat) Christi: Er hielt nicht narzistisch am Reichtum seiner himmlischen Würde als Sohn Gottes fest und war nicht allein auf seine Selbstverwirklichung bedacht; vielmehr »entäußerte« und »erniedrigte« er sich, indem er die Armut eines dem Tod, ja der schmählichen Kreuzigung ausgelieferten Lebens freiwillig auf sich nahm, sein Leben also im Dienst anderer opferte, um ihr Los zu ändern und sie aus Armen zu Reichen zu machen (Phil 2,6–8). Als »der Sohn« und das Bild des unsichtbaren Gottes (Kol 1,15) entbirgt er damit zugleich das innerste Wesen Gottes, der »die Liebe« ist (1 Joh 4,8.16), sich im Sohn ganz verausgabt und ihm mit seinem Lebensodem (Heiliger Geist) alles schenkt. Im Unterschied zur Fehlhaltung von Menschen, die nur um sich selbst kreisen, bloß an sich und ihre Selbstverwirklichung denken, zeigt uns diese sich ganz verschenkende Liebe, was für den Menschen als Ebenbild Gottes (Gen 1,27) wesentlich ist.

Ratschläge für die Durchführung der Kollekte (8,10–15)

Nach dem allgemeinen Aufruf gibt Paulus hier in kettenartig gereihten Sätzen – verknüpft durch die Stichworte »tun«, »wollen«, »vorhaben«, »vollenden«, »haben«, »nicht haben« – einige Ratschläge zur konkreten Abwicklung der Kollekte.

V. 10: Paulus erteilt den Korinthern zur Durchführung der Sammlung keinen Befehl, wohl aber einen von allen zu bedenkenden Rat. Eines solchen bedürfen sie; denn sie haben vor einem Jahr bereits das Vorhaben zur Kollekte gefaßt und diese auch schon angefangen, aber das begonnene Werk nicht weitergeführt. V. 11: Jetzt gilt es, das Angefangene zu vollenden; gemäß dem geplanten Vorhaben und je nach dem Vermögen des einzelnen, also nicht über die eigenen Kräfte hinaus, wie das V. 3 erwähnte Beispiel der Mazedonier nahelegen könnte. Der folgende, schwer übersetzbare Vers kann als Erläuterung von V. 11 gedeutet werden: V. 12: Jeder Spender ist willkommen mit der seinem Vorhaben entsprechenden Gabe (vgl. Mk 12,41–44). Möglicherweise empfiehlt Paulus hier aber wie in 1 Kor 16,2, regelmäßig, dem eigenen Vorhaben entsprechend, kleinere Summen zurückzulegen, die dann bei der Abschlußsammlung abgeliefert werden und willkommen sind, ob groß oder klein. V. 13 f: Der Apostel begründet diesen nüchternen Rat (vielleicht um einem Mißverständnis vorzubeugen) und motiviert nochmals zur Freigebigkeit, indem er die Auffassung zurückweist, durch die Kollekte solle »anderen« (den Christen in Jerusalem) Erleichterung, den Korinthern hingegen durch die Preisgabe ihres Besitzes »Bedrängnis« (Not) entstehen. Das positive Ziel ist vielmehr der brüderliche »Ausgleich«. Dieser erfolgt, wenn der zur Zeit bestehende Überfluß an materiellen Gütern in Korinth dem Mangel der Christen in Jerusalem abhilft, damit deren Überfluß an geistigen Gütern (Ausgangspunkt des Evangeliums, Glaubensfreude) dem entsprechenden Mangel der Korinther zugute komme (vgl. Röm 15,27). V. 15: Als biblischer Beleg für den geforderten Ausgleich dient ein verkürztes Zitat aus der Erzählung von der wunderbaren Speisung mit Manna (Ex 16,18): Unabhängig von seiner Sammelleistung erhielt jeder das für den täglichen Bedarf notwendige Maß.

Was Paulus in kluger, die heikle Situation in Korinth respektierender Weise rät, wird uns heute als Wort Gottes verkündet: Obwohl das »Liebeswerk« der Kollekte oder verwandte karitative Initiativen als Antwort auf die »Gnade« Gottes und Christi für Christen wesentlich sind, kann eine Beteiligung daran niemals einfach befohlen und mit Geboten reguliert werden. Es entspricht dem »Liebesbeweis«, daß er aus Liebe und nicht aus Zwang geschieht.

Angesichts auftretender Hemmnisse bleibt es angebracht, zur

Vollendung einmal begonnener Vorhaben zu mahnen. Dabei ist aber auch zur Klugheit zu raten und eine törichte Preisgabe der Existenzgrundlage abzulehnen. Hier liegen die im konkreten Fall zu bedenkenden Grenzen in der Nachahmung außergewöhnlicher menschlicher Vorbilder (wie der geschilderten Gebefreudigkeit der Mazedonier) und der sich gänzlich verschenkenden Liebe Christi (V. 9).

Wenn Paulus das Ziel seiner Sorge für die Jerusalemer Christen im »Ausgleich« sieht, so entspricht das seiner Auffassung von der Kirche als »Leib Christi«, wo die einzelnen Glieder zusammengehören und füreinander je auf ihre Weise und nach ihrer Berufung sorgen. Das Zitat aus der Erzählung vom Mannawunder setzt voraus, daß die Kirche jüdischer Erwartung gemäß das endzeitliche Gottesvolk ist, in dem Gott für alle sorgt, wenn auch nicht immer auf dieselbe Weise.

Empfehlung der Abgesandten (8,16–24)

Am Ende dieses ersten Kollektenkapitels – eines eigenen Briefes? – informiert Paulus die Korinther über Titus und zwei weitere Männer, die er zur Durchführung der Kollekte schickt. Die Angaben dienen als Empfehlung der Abgesandten. Die Vergangenheitsformen in VV. 17.18.22 verweisen nicht auf eine schon zurückliegende Sendung, sondern entsprechen dem Briefstil und sind vom Standpunkt der Empfänger aus zu verstehen.

V. 16f: Paulus dankt Gott, weil er Titus (vgl. V. 6) großen Eifer für die Korinther verliehen hat, der dem des Paulus bzw. der Mazedonier für Jerusalem (VV. 1–5) vergleichbar ist. Dieser keineswegs selbstverständliche und nach dem Urteil des Paulus von Gott stammende Eifer zeigt sich darin, daß Titus die Aufforderung des Apostels (V. 6) bereitwillig aufnahm und sich darüber hinaus (vgl. V. 3) spontan auf den Weg zu ihnen machte.

V. 18: Nach jüdischem Brauch (vgl. Mk 6,7; Lk 10,1; Dtn 19,15) sendet Paulus den Titus nicht allein, sondern mit einem in den Gemeinden wegen seiner Missionstätigkeit gut bekannten »Bruder« (vgl. 12,18). Der Umstand, daß sein Name nicht genannt wird, hat zu vielen Spekulationen geführt: Lukas, Barnabas oder eine der Apg 20,4 aufgezählten Personen wurden dahinter vermutet. V. 19: Wichtiger ist es Paulus, daß dieser Abgesandte auch von den Gemeinden als sein Begleiter und Mitarbeiter bei der Kollekte (wörtlich: »Gnade«) beauftragt wurde. Die Sammlung kennzeichnet der Apostel dabei auf zweifache Weise näher: Sie dient »zur Ehre des Herrn« (Gottes: vgl. 9,12f), dessen Herrlichkeit in dieser vielfachen Antwort auf seine »Gnade« aufleuchtet (vgl. 4,15), und zum Erweis seines (des Paulus) guten Willens, getreu seinem Versprechen von Gal 2,10. V. 20: Der Apostel will mit der Sendung dieses Begleiters außerdem verhüten, daß ihn jemand der Unterschlagung von Spenden verdächtige, wie dies vermutlich die Gegner taten (12,16ff). V. 21: Diese kluge Vorsichtsmaßnahme begründet Paulus – unter Anspielung auf Spr 3,4 – mit dem Vorsatz (vgl. 12,17), nicht bloß vor Gott redlich dazustehen, sondern auch vor den Menschen und diesen keinen Anlaß zum Mißtrauen zu geben. V. 22: Paulus verweist noch auf einen dritten Abgesandten, zu dessen Empfehlung er nicht nur seinen bewährten Eifer, sondern auch sein großes Vertrauen zu den Korinthern anführen kann. (Einige Ausleger sehen darin den 12,18 erwähnten Begleiter des Titus: andere schließen auf Tertius oder Apollos.)

V. 23: Abschließend – vielleicht einem vorgegebenen Schema für solche Schreiben folgend – bestätigt Paulus die Bevollmächtigung. Titus bezeichnet er ausdrücklich als seinen Gefährten und Mitarbeiter (vgl. Gal 2,3), dem eine führende Rolle zukommt (vielleicht auch als Überbringer dieses Briefes?); die beiden namentlich nicht genannten Brüder hingegen nennt er »Abgesandte (Apostel) der Kirchen« und »Abglanz« Christi. Diese sprachliche Formulierung kann durch eine damals übliche Charakterisierung von Boten als »Abglanz« ihrer Sender bedingt sein, verweist hier aber offensichtlich darauf, daß sie als letztlich von Christus Gesendete seine Herrlichkeit widerspiegeln (vgl. 3,18). V. 24: Allen Gesandten gegenüber sollen die Korinther ihre Liebe und die Berechtigung des ihnen attestierten guten Rufes (7,14) unter Beweis stellen. Das wird gleichzeitig ein Zeugnis für sie und für Paulus bei allen Kirchen sein.

Diese Worte des Apostels gewähren uns nicht bloß einen interessanten Einblick in seine Klugheit und Umsicht bei der Durchführung der Kollekte für Jerusalem. Durch sie werden wir auch heute angeleitet, bei den karitativen Aufgaben in der Kirche ähnlich klug und umsichtig vorzugehen. Die Kirchengeschichte kennt leider viele Fälle, bis in jüngste Zeit, wo kirchliche Spenden veruntreut wurden. Vorbildlich bleibt diesbezüglich auch das Bemühen des Apostels, die ihm aufgetragene Kollekte bei aller Sorge um persönliche Anerkennung als Dienst der Kirchen erkennbar zu machen.

Bei allen Anstrengungen zur Behebung fremder Not ist auch heute zu beachten, was nur der Glaube nachvollziehen kann: Der Eifer des Titus (wie auch anderer) ist ihm von Gott ins Herz gelegt (also kein persönliches Verdienst oder bloße Veranlagung), und das Bemühen um eine reiche Kollekte bleibt auf Gottes Ehre hingeordnet. Angesichts der uns heute von Gott geschenkten Möglichkeit, Armen und Benachteiligten nicht bloß durch Almosen, sondern auch durch organisatorische Maßnahmen und politische Aktionen zu helfen, kommt diesen uns als Wort Gottes anvertrauten Aussagen des Apostels größtes Gewicht zu. In diesen Zusammenhang gehört auch die für jeden kirchlichen Hilfsdienst wichtige Charakterisierung der Abgesandten als »Abglanz Christi«; geht es doch bei allen der Kirche von ihrem Herrn aufgetragenen Aufgaben (vgl. Mt 25,34–40) darum, »die Herrlichkeit Christi«, das Licht seiner Liebe als Abglanz des Vaters, im Dunkel dieser Welt sichtbar werden zu lassen.

2. Zweites Kollektenkapitel (9,1–15)

Nach einer Einleitung geht Paulus in diesem Kapitel zunächst (wie schon in 8,16–24) auf die Sendung von Sonderbeauftragten für die Durchführung der Kollekte ein und bittet dann um eine reichlich bemessene Gabe. Viele Ausleger sehen in diesem Abschnitt ein eigenes Brieffragment, das vielleicht schon vor Kap. 8 verfaßt und Titus bei seinem ersten Besuch in Korinth mitgegeben wurde. Nach der Meinung anderer war dieser Brief gar nicht an die Korinther, sondern an die übrigen Gemeinden in Achaia (vgl. 1,1) gerichtet. Es ist aber nicht unmöglich, dieses Kapitel als eine von Paulus selbst vorgesehene Ergänzung der vorherigen Aussagen zu werten, zumal es sich um dieselbe vor zwei Jahren begonnene Sammlung handelt (9,2; 8,10). Wenn auch Zeit, Anlaß und ursprünglicher Adressatenkreis dieses Kapitels historisch nicht mehr mit Sicherheit bestimmt werden können, sind seine Kernaussagen doch klar zu erkennen.

Gebefreudigkeit der Adressaten und Entsendung von Boten (9,1–5)

Nach einer rhetorischen Einleitung begründet Paulus in Form eines Berichts eingehend, warum er Brüder zur Vorbereitung der Sammlung bei den Adressaten schickt: damit ihre Gabe ihrer schon gegenüber den Mazedoniern gerühmten Gebefreudigkeit entspreche.

V. 1: Es gehört zur Rhetorik, die Behandlung eines Themas für überflüssig zu erklären, um damit gerade das Interesse für die Ausführung zu wecken. So leitet Paulus diesen Abschnitt mit der Bemerkung ein, daß er den angeschriebenen Korinthern nicht über den »Dienst« (*diakonia* – hier wie 8,4 Bezeichnung der Kollekte) für »die Heiligen« (die Christen in Jerusalem) zu schreiben brauche. V. 2: Er begründet dies mit ihrer Bereitschaft, die er bereits vor den Mazedoniern gerühmt hat: Die Provinz Achaia sei schon seit vorigem Jahr (vgl. 8,10) für die Kollekte gerüstet. (Diese Angabe ist wohl der Hauptgrund, warum mehrere Autoren dieses Kapitel als Brief an die Gemeinden Achaias werten. Vieles spricht jedoch dafür, daß hier Achaia bloß als Name der Provinz steht, deren Hauptstadt Korinth ist.) Ihr vermutlich nur anfänglicher Eifer hatte offenbar viele in Mazedonien angespornt. (In 8,1–5 stellt Paulus hingegen den Korinthern den Eifer der Mazedonier als Vorbild vor Augen, um sie zu neuer Anstrengung zu ermuntern.) V. 3: Wenn Paulus jetzt die »Brüder« (offensichtlich die 8,16–24 Genannten, obwohl Titus nicht erwähnt wird) als Abgesandte zu ihnen schickt, möchte er damit verhindern, daß sein Lob, sie seien schon für die Kollekte gerüstet, sich als falsch herausstellt. V. 4: Dies wäre nämlich der Fall, wenn mazedonische Christen (aus Philippi, Thessalonich, Beröa) mit ihm nach Achaia (Korinth) kämen und sie völlig unvorbereitet für die Kollekte fänden; dann wäre Paulus beschämt und auch sie selbst. V. 5: Aus diesem Grund hat Paulus die V. 3 erwähnten Brüder gebeten, vor ihm zu ihnen zu gehen und die vorher versprochene Spende (wörtlich »Segensgabe«) auf die bekannte Weise (8,11f; 1 Kor 16,2) vorzubereiten. Die Bemerkung, daß die Spende wirklich als »Segensgabe« (wörtlich) und nicht als Gabe des Geizes vorzubereiten sei, ist eine indirekte Aufforderung an die Korinther, die im nächsten Abschnitt weitergeführt wird.

Durch die Wahl des Wortes »Dienst« *(diakonia)* als Bezeichnung der Kollekte werden wir daran erinnert, heutige Kollekten und verwandte karitative Aufgaben als uns aufgetragenen »Dienst« zu betrachten, dem in Verbindung mit dem erhabenen »Dienst« im Neuen Bund (vgl. 3,6ff) und dem »Dienst der Versöhnung« (5,18) eine wichtige Funktion im kirchlichen Leben zukommt. Denn eine solche Sammlung ermöglicht es, Christi Dienst bei Mahlgemeinschaften und Krankenheilungen während seines irdischen Lebens (vgl. Lk 22,27) als Zeichen der Sorge Gottes um alle Bedrängten fortzuführen. Unter diesem Aspekt kommt auch den damit verbundenen organisatorischen Aufgaben besondere Bedeutung zu.

Die Ausführungen des Paulus lehren uns als Gottes Wort vor allem, daß für solche Sammlungen auch mit dem Beispiel anderer Christen geworben werden darf, damit diese in echtem Wetteifer nachgeahmt werden. Schließlich kann sogar unter klug abzuwägenden Umständen der Hinweis auf persönliche Enttäuschung oder Beschämung dem erlahmenden Eifer nachhelfen. Die von Paulus gewählte Bezeichnung »Segensgabe« (V. 5; vgl. V. 6) bringt jede Spende in Verbindung mit der Fülle göttlichen Segens und lädt dazu ein, Gottes Segen mit eigenen Gaben reichlich weiterzuschenken.

Der Segen freudigen Gebens (9,6–15)

Angeregt durch das Stichwort »Segensgabe« (V. 5), ermuntert Paulus unter mehrfachem Bezug auf das Bild der Saat (vgl. Gal 6,7–9) zu einem reichlichen und freudigen Geben, das in Gottes Freigebigkeit gründet und auf seine größere Ehre sowie auf die kirchliche Gemeinschaft hinzielt.

V. 6: Die Aufforderung zum reichlichen Geben (V. 5) erläutert und unterstreicht Paulus, indem er in lockerer Anlehnung an Spr 11,24f eine im Urtext kunstvoll formulierte, einprägsame »Bauernregel« bietet: »Wer sät spärlich, spärlich auch wird er ernten; wer sät in Segensfülle, in Segensfülle wird er auch ernten« (wörtlich). Der Apostel überträgt diese aus dem Landleben genommene Maxime auf die Kollekte: Eine großzügige Spende bringt also dem Spender selbst reichen Segen. V. 7: Ohne Überleitung fügt Paulus die Mahnung an, dem ins Herz gelegten Entschluß zum großmütigen Schenken freudig zu entsprechen, statt diesen Entschluß beim

Geben schon wieder zu bereuen oder ihm nur mißmutig zu folgen. Das Motiv dafür findet der Apostel in dem Spr 22,8 (LXX) nachgebildeten und damals verbreiteten Spruch und lenkt damit den Blick auf Gott. V. 8: Wer auf Gott schaut, braucht beim Geben nicht ängstlich zu sein; denn Gott vermag die Spender mit »jeder Gnade« zu überhäufen, so daß sie »in allem allzeit allerseits« (wörtlich) genug, ja sogar im Überfluß haben »zu jedem guten Werk«. Das fünfmalige »all« (im Urtext) betont die umfassende, nicht bloß auf die Kollekte beschränkte Fülle an Gottes Gnaden. V. 9: Das Zitat von Ps 111,9 (LXX), das vom freigebigen Menschen handelt, wird hier verwendet, um Gottes Freigebigkeit besonders den Bedürftigen gegenüber zu belegen und die Leser zu großmütigem Geben anzuspornen. Nach anderer Interpretation ist das Zitat – wie im Alten Testament – auf den von Gott zu reichlicher Spende befähigten Menschen zu beziehen, dessen »Gerechtigkeit« (hier im jüdischen Sinn des rechten Verhaltens zum Mitmenschen: vgl. V. 10; Mt 6,1) nicht bloß zeitlichen Gewinn, sondern ewige Frucht bringt.

V. 10: Paulus ergänzt seine Empfehlung zu großzügiger Spende, indem er den Lesern durch Anspielungen auf Jes 55,10 und Hos 10,12 (LXX) sowie im Bild der Saat verheißt, Gott werde ihnen reichlich »Samen« (Mittel zum Spenden) geben und die »Früchte« ihrer »Gerechtigkeit« (Wohltätigkeit) vermehren. V. 11: Die Adressaten werden, so wiederholt er mit anderen Worten, »in allem« von Gott »zu aller Einfalt« (wörtlich; d.h. zu lauterer und selbstloser Spende) reich gemacht. Die von Gott stammende Befähigung zur Kollekte zielt letztlich wieder auf Gott zurück; denn sie wird bei ihrer Übergabe durch Paulus in Jerusalem zum Dank an Gott führen. V. 12: Diesen kultischen Aspekt der Kollekte erläutert der Apostel sogleich durch die hier für die Kollekte gewählte Formulierung »Dienst dieser Opfergabe« (wörtlich). Das griechische Wort *leiturgia* bezeichnet nämlich profan eine freiwillige oder erzwungene Dienstleistung für das öffentliche Wohl, in der LXX hingegen auch die Liturgie (den Tempeldienst) der Priester und Leviten. Außerdem betont Paulus ausdrücklich, daß dieser Kollektendienst nicht bloß materielle Nöte der »Heiligen« (Christen Jerusalems) behebt (8,14), sondern den Dank an Gott überströmen läßt, da viele für diese Spenden Gott danken werden (vgl. 1,11; 4,15).

V. 13: Die tiefe Bedeutung der Kollekte liegt für Paulus zudem darin, daß ihre Jerusalemer Empfänger für die so erwiesene »Bewährung« (wörtlich) der heidenchristlichen Spender in diesem »Dienst« (vgl. 8,4; 9,1.12) Gott preisen werden. Sie vermögen darin nämlich den Gehorsam der Spender im Bekenntnis zum Evangelium Christi (vgl. Röm 1,5) und deren selbstlose, hilfsbereite »Gemeinschaft« *(koinonia)* mit ihnen und allen zu erkennen. Der Kollekte kommt aus der Sicht des Heidenapostels also eine wichtige ökumenische Funktion zu: Die Christen Jerusalems können durch sie von der Echtheit des Glaubens der Heidenchristen überzeugt werden. V. 14: Schließlich erweist das durch die Kollekte veranlaßte Bittgebet der Jerusalemer für die Korinther (bzw. die Gemeinden Achaias), daß sie sich diesen verbunden wissen (wörtlich: »sich nach euch sehnen«). Sie erkennen nämlich staunend, welche übergroße Gnade Gott ihnen geschenkt hat: nicht bloß indem er sie zu dieser Kollekte befähigt, sondern indem er ihnen durch ihre Berufung Anteil am Erbe Israels gibt. V. 15: Auch der abschließende Ausruf des Dankes (vgl. 8,16 u.ö.) bezieht sich nicht bloß auf die Kollekte, sondern auf alles, was Gott in seiner großen Güte uns geschenkt hat (vgl. 1 Kor 15,57).

Durch diese Paulusworte hält Gott uns an, aus dem bäuerlichen Leben zu lernen, daß reichliches »Säen« im Bemühen um Notleidende eine segensreiche Ernte einträgt. Wir werden dadurch ermutigt, den Anregungen zu guten Taten im Vertrauen auf Gottes Sorge (vgl. Mt 6,25–34) großmütig zu folgen. Dies schließt nötige Klugheit nicht aus (vgl. 8,13f), zeigt aber ihre Grenzen.

Die Verankerung des karitativen »Dienens« in Gottes überreichen »Gnadengaben« (vgl. 1 Kor 12,28) und »Segnungen« mahnt uns, diesen Ursprung nicht zu übersehen und die gottesdienstliche Funktion jeglicher Hilfeleistung zu bedenken: Sie vermag zur größeren Verherrlichung Gottes, zum Danken für seine selbstlose Liebe anzuregen.

Die von Paulus erhoffte Frucht der Kollekte im Blick auf die Spannungen zwischen Jerusalem und den Heidenchristen lehrt uns heute, die ökumenische Bedeutung der allen Menschen ohne Ansehen von Konfession und Religion gewährten Hilfe nicht zu unterschätzen.

III. Große Apologie des Apostels Paulus (10,1 – 13,10)

Die letzten vier Kapitel von 2 Kor unterscheiden sich durch ihre scharfe Argumentation von den vorausgehenden und gelten deshalb häufig, wie oben (s. S. 14f) dargestellt, als eigener Brief, mitunter »Vierkapitelbrief« genannt. Oft werden sie sogar mit dem 2,3f und 7,8f erwähnten »Tränenbrief« identifiziert, obwohl sie keinen direkten Hinweis auf den Zwischenfall enthalten. Doch findet auch die ältere Erklärung noch Befürworter, daß Paulus diesen Briefteil nach einer Diktierpause und dem Erhalten neuer, beunruhigender Nachrichten aus Korinth geschrieben habe.

Die vom Apostel gewählte scharfe und mitunter ironische Sprache, die offensichtlich Schlagworte der Gegner aufgreift, ist verwandt mit damals verbreiteten Apologien (Verteidigungsreden), als deren Vorbild die des Sokrates galt. Dies ist bei manchen uns heute befremdenden und nicht immer leicht verständlichen Formulierungen zu beachten. Wie mehrere Angaben zu Beginn (10,2.10) und gegen Ende (12,20; 13,2.10) erkennen lassen, verfolgt Paulus mit dieser Apologie das Ziel, die Gemeinde auf seinen dritten Besuch vorzubereiten.

Nach einer ersten Antwort auf die gegnerischen Vorwürfe (10,1–18) verteidigt der Apostel seine Ebenbürtigkeit in Form eines ersten »Selbstruhms« (11,1–15) und besonders eindrucksvoll in der sogenannten »Narrenrede« (11,16 – 12,13). Dann geht er konkret auf den bevorstehenden dritten Besuch ein (12,14 – 13,10) und schließt den Brief mit dem üblichen Postskript (13,11–13).

1. Zurückweisung gegnerischer Vorwürfe (10,1–18)

Zu Beginn dieses Briefteils weist der Apostel einzelne Vorwürfe seiner Gegner scharf zurück, verteidigt damit seine Vollmacht und betont seine Zuständigkeit für die Gemeinde von Korinth, der er sich geradezu rühmen darf.

Nicht »schwach« und »fleischlich«, sondern »stark« (10,1–6)

Nach einem kurzen Hinweis auf die Sanftmut und Güte Christi nimmt Paulus in rhetorischer Diktion zu den Vorwürfen seitens der Gegner Stellung und kündet in der Bildersprache des Krieges sein entschiedenes Vorgehen an.

V. 1: Durch die Hervorhebung seiner Person (»ich selber aber, Paulus«, vgl. Gal 4,2) markiert der Apostel den Beginn eines neuen Briefteils und deutet damit zugleich an, daß es jetzt wesentlich um seine Person geht. Mit den Worten »ich ermahne euch durch die Sanftmut und Güte Christi« (wörtlich) nimmt er nicht bloß auf Jesu Verhalten Bezug, sondern sagt auch, daß er sich innigst mit Christus verbunden weiß und im Geist seiner freundlichen Herablassung (Menschwerdung und Kreuzestod: 8,9; vgl. Phil 2,6–8; Mt 11,29) sowie milden Rücksichtnahme den Korinthern zuredet. Damit schlägt der Apostel den Grundton für die folgenden Ausführungen an. Den Korinthern gilt er nämlich als einer, der bei ihnen »demütig« (wörtlich) und »schwach« (ohne außergewöhnliche Zeichen) auftritt (vgl. 1 Kor 2,3), sich aber in seiner Abwesenheit (in den Briefen) mutig und kühn gibt (V. 10; vgl. 1 Kor 4,21; 5,4). V. 2: Angesichts dieser hämischen Beurteilung bittet Paulus sie (ironisch?), ihn nicht durch ihr Verhalten zu zwingen, bei seiner nächsten Anwesenheit (vgl. 10,10; 12,20f; 13,2.10) mit Entschlossenheit (Kühnheit) gegen einige vorzugehen, die ihm vorwerfen, »nach dem Fleisch zu wandeln« (wörtlich), d.h. sich wie ein Mensch zu verhalten, für den das »Fleisch« (das Vergängliche und Hinfällige menschlicher Existenz) einziger Maßstab ist (vgl. Gal 5,16–21; Röm 8,3–8) und der deshalb nur seinen eigenen Vorteil sucht (vgl. 1,12.17; 11,7f; 12,14). Zu solcher Unterstellung hatte vermutlich die Predigt der Freiheit vom jüdischen Gesetz (vgl. Röm 3,8) und das Fehlen außergewöhnlicher Wunderzeichen (wie sie hellenistische Wanderprediger vollbrachten; vgl. 12,12) Anlaß gegeben. V. 3: Paulus greift, wie in der Rhetorik üblich, diesen Vorwurf auf und antwortet mit einem Wortspiel: »im Fleisch wandelnd« (wörtlich), als ein der irdischen Welt unterworfener schwacher Mensch (nicht als ein mit außergewöhnlichen Kräften begabter und wie damalige Wanderprediger bestaunter »göttlicher Mann«), »kämpfen wir nicht nach dem Fleisch«. Paulus richtet sich also in dem als Kampf aufgefaßten Leben (vgl. 1 Kor 9,7; 1 Thess 5,8; Eph 6,11–17) nicht nach den Werten der vergänglichen Welt; Richtschnur und Kraftquell seines Wirkens ist vielmehr, wie er an anderer Stelle schreibt, Gottes Geist (vgl. Röm 8,5–9; Gal 5,22–25).

V. 4: Zur Begründung erläutert der Apostel das Bild vom Kampf (vgl. 6,7) näher und kündet damit bildhaft sein energisches Vorgehen an: »Die Waffen« seines Kampfes sind nicht »fleischlich« (wörtlich), unlauter und schwach, sondern »stark« vor Gott und deshalb geeignet zum »Einreißen von Festungen« (ein in der Antike belegtes Bild für den Kampf des Philosophen gegen irrige Auffassungen; vgl. auch Spr 21,11). Paulus kämpft dabei auf dreifache Weise: 1. Er »reißt« die anmaßenden Urteile »ein« (wörtlich) (V. 5) und jeden »Wall«, der sich gegen die Erkenntnis Gottes auftürmt: die falschen Auffassungen von Gott, wie sie die Gegner verbreiten; 2. er nimmt jedes Denken (oder Planen) für Christus »gefangen«, d.h. er erwirkt durch Predigt und Argumentation Gehorsam gegenüber dem Evangelium (vgl. Röm 1,5). V. 6: 3. er gedenkt, jeden Ungehorsam zu bestrafen, also dem Vorgehen der Übeltäter nicht tatenlos zuzusehen (vgl. 1 Kor 4,21), wie er es vermutlich schon vorher (V. 2; vgl. V. 10) ankündigte. Die Art der Strafe nennt Paulus hier nicht (vgl. hingegen 1 Kor 5,3–5; Gal 1,8). Er macht seine Strafankündigung allerdings davon abhängig, daß die Gemeinde ihm ganz gehorcht und sich von den Gegnern lossagt. Im anderen Fall wäre sie ja ohne wirklichen Erfolg.

Die von Paulus an die mit ihm zerstrittenen Christen in Korinth gerichteten Worte der Selbstverteidigung erinnern uns – als Wort Gottes – daran, daß, wie Paulus, auch anderen Verkündern des Evangeliums innerkirchliche Spannungen nicht erspart bleiben. Wir werden dadurch aber vor allem ermahnt, uns bei solchen Konflikten von der Sanftmut und Milde Christi leiten zu lassen. Zugleich zeigt uns das Beispiel des Apostels, daß daraus nicht in falscher Auslegung der Bergpredigt ein schweigendes Hinnehmen oder ständiges Zudekken mit dem »Mantel der Liebe« gefolgert werden darf. Kirchen- und Weltgeschichte lehren, welch furchtbares Unheil aus wohlgemeintem Schweigen entstehen kann. Vielmehr kommt es darauf an, sich in Auseinandersetzungen immer wieder am gütigen und selbst dem Sünder gegenüber nachsichtigen Verhalten Jesu zu orientieren (vgl. Phil 2,5). Konkret fordert dies, im Wissen um den »Balken« im eigenen Auge (Lk 6,41) auf den Gegner sowie auf den, der nicht mein Freund ist, einzugehen und ihn nicht bloß autoritär von oben herab zum Schweigen zu bringen.

Das von Paulus verwendete und entfaltete Bild des Kampfes weist uns darauf hin, daß der Verkündiger des Evangeliums wie Jesus mit Widerstand rechnen muß, dessen Überwindung große Anstrengung erfordert. Es wäre allerdings nicht im Sinne der Güte und Milde Jesu, gegnerische Fronten »auf irdische Weise«, d.h. mit unrechten Mitteln beseitigen und Andersdenkende durch »heiligen Zwang« bekehren zu wollen, wie es leider in der Kirchengeschichte unter Berufung auf das mißverstandene Gleichniswort »compelle intrare« (Lk 14,23) geschehen ist.

Die von Paulus angedrohte Bestrafung lehrt uns schließlich, daß es der Güte Christi nicht widerspricht, im Interesse der Gemeinde die Unruhestifter oder Irrlehrer zur Rechenschaft zu ziehen und unter Umständen zu bestrafen. Ob dies heute jedoch durch sofortigen Ausschluß von der sakramentalen Gemeinschaft oder gar von der Kirche geschehen muß, wie es früher oft der Fall war, ist fraglich. Diesbezüglich ist auch die veränderte kirchliche Situation und unser durch die Psychologie vermehrtes Wissen um den Unterschied zwischen objektivem und subjektivem Fehlverhalten zu bedenken.

Erneute Verteidigung seiner Autorität (10,7–11)

Noch einmal geht Paulus auf die gegen ihn erhobenen Vorwürfe ein und verbindet mit der rhetorisch formulierten Verteidigung der ihm zustehenden Autorität die Drohung mit seinem persönlichen Auftreten.

V. 7: Der Apostel redet die Korinther direkt an und fordert sie auf, den klar vor Augen liegenden Tatbestand zu bedenken. (Möglich ist auch die Übersetzung: »Ihr schaut bloß auf das äußerlich Sichtbare«.) Einen nicht näher bezeichneten Sprecher in der Gemeinde (vielleicht den 2,5–11 und 7,12 genannten Unruhestifter), der sich besonderer Christuszugehörigkeit rühmt, fordert Paulus auf, ihm diese nicht abzusprechen. Vermutlich war »Christuszugehörigkeit« ein Schlagwort der Gegner (vgl. 11,23), mit dem sie unter Hinweis auf ihre charismatische Begabung oder ihre Beziehung zu den Altaposteln (vgl. 11,5; 12,11) eine besondere Autorität begründeten. (Nicht gemeint ist hier die Zugehörigkeit zur sogenannten Christuspartei von 1 Kor 1,12.) V. 8: Paulus erklärt, daß er, ohne beschämt (als Lügner bloßgestellt) zu werden, sich sogar größerer Christusnähe rühmen könnte, nämlich aufgrund der ihm vom Herrn vor Damaskus bei seiner Berufung zum Apostel verliehenen Vollmacht (vgl. Gal 1,1.11.15). Auf solches Rühmen verzichtet er jedoch, weil er um den Gnadencharakter dieser Bevollmächtigung weiß. Im Blick auf den Vorwurf seines »schwachen« Auftretens (vgl. 10,2.10) und das zerstörerische Wirken der Gegner ergänzt er: Diese Vollmacht wurde ihm zum »Aufbau« der Gemeinde gegeben und nicht zu ihrem »Einreißen«. V 9: Weil es ihm um den Aufbau der Gemeinde geht, wehrt er in einem nicht eindeutig zu klärenden Nebensatz den später (V. 10) näher bestimmten Vorwurf ab, er wolle die Gemeinde lediglich durch scharfe Briefe einschüchtern, ohne über wahre Autorität zu verfügen. V. 10: Wie vorher schon (VV. 1.2) angedeutet, machten ihm die Gegner ja die Diskrepanz zwischen seinen aus der Ferne geschriebenen Briefen und seinem persönlichen Auftreten zum Vorwurf. Welche Briefe des Apostels die Gegner kritisierten (den »Vorbrief« [vgl. 1 Kor 5,9], 1 Kor oder den »Tränenbrief«?), ist nicht eindeutig. Beim persönlichen Auftreten mochten seine einfache Sprechweise, sein vielleicht wenig gewinnendes Äußeres (vgl. Apostelakten 3), vermutlich aber auch sein nicht gerade erfolgreiches Verhalten beim »Zwischenbesuch« Anlaß zur Kritik gegeben haben. V. 11: Dem schon oben (V. 7) indirekt angesprochenen Wortführer der Gegner gibt Paulus jetzt in leicht abgewandelter Form abermals und auch als Drohung für die Korinther zu bedenken: Wie er dank besonderer Christuszugehörigkeit im Wort seiner Briefe einen machtvollen Anspruch erhebt, so wird er es bei seinem Kommen durch die Tat erweisen, indem er Rechenschaft fordert und unter Umständen straft (V. 6).

Nach diesen Worten des Apostels gibt es also unterschiedliche Weisen der Christuszugehörigkeit: einerseits durch die Taufe, andererseits durch eine besondere charismatische Begabung, zu der auch die Berufung zum Apostel gehört. Der Text verdeutlicht aber auch die Gefahr, sich durch das Pochen auf besondere Begabung über andere zu erheben und das Zusammenleben in der Kirche zu gefährden. Deshalb ist jeder aufgefordert, sich selbst zu prüfen und auch die Grenzen seiner Begabung zu erkennen.

Wenn Paulus betont, daß ihm seine Vollmacht zum Aufbau der Gemeinde und nicht zum Einreißen verliehen wurde, gilt das auch für heute. Die Kirchengeschichte lehrt, daß durch Anwendung unangemessener Strafen (Exkommunikation, Kirchenbann) viel Unheil angerichtet wurde. Wenn kirchlichen Autoritäten wie Paulus die Vollmacht zum Einreißen grundsätzlich nicht abgesprochen werden kann (vgl. VV. 4–6), so mahnt Gott sie durch diese Pauluswort doch, ihre Macht nur in äußersten Notfällen auszuüben und jeden Anschein von Mißbrauch zu vermeiden.

Wie Paulus muß jeder, der im Dienst Christi steht, damit rechnen, daß die Art seines Auftretens in Wort und Tat mißverstanden werden kann. Solche Mißdeutungen muß er nicht immer einfach fromm hinnehmen; er hat vielmehr nicht nur das Recht, sondern mitunter die Pflicht, sich dagegen zu wehren und seine Autorität geltend zu machen.

Maßstab des apostolischen Selbstbewußtseins (10,12–18)

Paulus weist hier ironisch die Selbstempfehlungen der Gegner zurück und beruft sich stattdessen auf das ihm geschenkte »Maß« seines Wirkens, für das er seine missionarische Tätigkeit in Korinth geltend machen kann. Mit einem Bibelwort weist er das unberechtigte Selbstrühmen der Gegner zurück. Die den Abschnitt durchziehende Polemik ist bei der Interpretation der nicht immer eindeutigen, oft verkürzenden Aussagen zu beachten. Indem er die Stichworte Selbstempfehlung, Maß, Messen und Rühmen aufgreift, sucht Paulus ironisch die Schwächen der Gegner aufzudecken und sie zur Selbsteinsicht zu führen.

V. 12: Im Blick auf die Selbstüberschätzung und Selbstempfehlung der Gegner erklärt Paulus zunächst mit einem Wortspiel, er wage es nicht, sich mit ihnen »gleich zu stellen oder zu vergleichen«. Dieser ironische Verzicht drückt im Grunde sein hohes Selbstbewußtsein aus. Deshalb erklärt er fortfahrend, daß die Gegner unverständig handeln, weil sie sich nur an sich selbst messen und sich außerdem zum Maßstab für andere machen (wie aus VV.

14–16 hervorgeht). V. 13: Demgegenüber rühmt er sich nicht wie seine Gegner »ins Maßlose«, sondern nach dem »Maß des Maßstabes«, das Gott ihm als Anteil zugewiesen hat und dem gemäß er bis nach Korinth kam. Möglicherweise spielt Paulus hier auf die beim Apostelkonzil getroffene Verteilung der Missionsgebiete an (vgl. Gal 2,9), durch die ihm die Heidenmission zufiel. V. 14: Den Gegnern gegenüber, die sich in die Mission von Korinth einmischen, versichert der Apostel, daß er nicht unberechtigterweise nach Korinth gekommen sei und das ihm gesetzte Maß keineswegs überschreite (wörtlich: »wir strecken uns selbst nicht darüber hinaus«). Dafür kann er ins Treffen führen, daß er tatsächlich zum Verkünden des Evangeliums gekommen ist und auch die Gemeinde gegründet hat (vgl. 1,19; 1 Kor 3,6; 4,15; Apg 18,1–18). Dies ist für ihn der Beweis, daß sein Wirken in Korinth dem ihm von Gott erteilten Auftrag entspricht. V. 15f: Paulus sucht diese für die Auseinandersetzung wichtige Aussage zu verdeutlichen, indem er sie mit anderen Worten wiederholt und durch einen neuen Gedanken ergänzt: Er rühmt sich nicht »maßlos« wie die Gegner mit fremden Leistungen; er hat außerdem die Hoffnung, wenn der Glaube bei den Korinthern Fuß gefaßt hat, »bis ins Übermaß groß gemacht zu werden« (wörtlich), d.h. über Korinth hinaus das Evangelium noch in anderen Gebieten verkünden zu können. Allerdings will er – anders als seine Gegner – sich bei dieser Ausweitung seines Missionsgebietes nicht dessen rühmen, was »in einem fremden Maßstab« (in einem anderweitig zugeteilten Gebiet) schon von anderen gearbeitet wurde (vgl. die verwandten Angaben über Zukunftspläne in Röm 15,20–24).

V. 17: Das im griechischen Text am Ende von V. 16 stehende Verb »sich rühmen« bildet für Paulus das Stichwort, um mit dem verkürzten Zitat Jer 9,22f (vgl. 1 Kor 1,31) einen biblischen Beleg für die Zurückweisung falschen Sich-Selbst-Rühmens zu bieten. V. 18: Er erläutert dieses Bibelwort unter unverkennbarem Bezug auf die Selbstempfehlung der Gegner noch mit einer grundsätzlichen, nicht bloß für die konkrete Auseinandersetzung gültigen Formulierung: Wirklich »bewährt« ist nicht jener, der sich empfiehlt (und als Autorität ausgibt), sondern den Gott als bevollmächtigt erweist. Eine solche von Gott gegebene Empfehlung besteht für Paulus nicht in äußeren Machtzeichen, wie die Gegner sie verlangen, sondern in der Gemeinde als »Brief Christi« (3,1–3). Ein solches Zeichen ist allerdings nur im Glauben zu erkennen.

Die scharfen, polemischen und bitteren Worte des Apostels weisen uns – als Wort Gottes – heute noch auf die Gefahr menschlicher Selbstempfehlung in der Kirche und in unserem persönlichen Leben hin. Wie die Gegner des Apostels neigen wir gerne dazu, uns nach eigenem Maßstab zu messen, uns über andere zu erheben, diesen zu befehlen und sie zu kritisieren. Wie Paulus sollten wir aber auf den uns gegebenen »Maßstab« achten (die gestellten Aufgaben und die gesetzten Grenzen). Die Betrachtung unserer Lebensgeschichte und die stete Aufmerksamkeit für die Frucht unseres Wirkens kann uns den Blick dafür schärfen. Mitunter kann Ironie, vor allem Selbstironie helfen, uns so sehen zu lernen, wie der Herr uns sieht.

Das verkürzte Zitat aus Jer 9 und dessen Erläuterung warnen uns alle vor dem stolzen Prahlen mit eigenen Leistungen oder bestimmten Vorzügen. Menschheits-, Religions- und Kirchengeschichte bieten viele Beispiele zur Illustration: nicht bloß prunkvolle Schlösser und Denkmäler, sondern überhaupt menschliche Versuche, sich durch Werke vor Gott zu rechtfertigen – eine bis heute bestehende Versuchung aller »Frommen«. Die Gefahr des Selbstruhms bedroht besonders jene, die sich ihrer Weisheit und Einsicht rühmen und diese zum vermeintlichen Weg ihrer Selbsterlösung und Selbstverwirklichung erheben. Wie die Gegner des Paulus erliegen dieser Versuchung auch alle, die sich ihrer geistlichen Begabungen (Charismen) rühmen, sich dadurch anderen überlegen fühlen und meinen, deshalb schon vor Gott bestehen und anderen Vorschriften machen zu können.

2. Aufweis der Ebenbürtigkeit des Apostels (11,1–15)

Mit der Bitte, seine Torheit zu ertragen, beginnt Paulus einen neuen Abschnitt seiner Verteidigung. Er sieht sich gezwungen, sein von Eifer um die Korinther getragenes Verhalten auf eine töricht anmutende Weise ins rechte Licht zu rücken (VV. 1–6) und die Bosheit der Gegner, die ihm seinen Verzicht auf Unterhalt negativ ankreiden, zu entlarven (VV. 7–15). Als »erster Selbstruhm« bereitet dieser Abschnitt die anschließende Narrenrede vor. (Manche Ausleger rechnen ihn wegen der Einleitung schon zur Narrenrede.)

Der Eifer des Paulus (11,1–6)

Der Apostel bittet darum, seinen »Selbstruhm« zu ertragen, und führt als ersten Grund dafür seinen Eifer für die ihm als Braut Christi anvertraute gefährdete Gemeinde an. Als weitere Gründe seines törichten Rühmens nennt er das Ertragen der Gegner seitens der Gemeinde und sein Wissen, daß er einen Vergleich mit diesen nicht zu scheuen braucht.

V. 1: Einleitend wirbt Paulus darum, daß die Korinther sein »bißchen Torheit« (wörtlich) ertragen. Als solche bewertet er das vorausgehende Rühmen seines Wirkens (10,13–16), das er im folgenden (bes. 11,16 – 12,10) weiterführt; er weiß nämlich, daß all sein Tun letztlich Geschenk Gottes und nicht eigene, rühmenswerte Leistung ist. Indem er gleichzeitig die Erwartung ihres Einverständnisses ausspricht, sucht er (nach Art einer *captatio benevolentiae*) ihre Zustimmung zu gewinnen.

V. 2: Seinen Eifer für die Korinther nennt er »Eifer Gottes« und vergleicht ihn mit JHWHs Eifersucht für Israel (Jes 9,6; vgl. Ex 20,5; 34,14). Er erläutert dies mit dem Bild vom Brautführer oder Brautwerber, der die Braut unversehrt ihrem Bräutigam zuführen soll (vgl. Gen 24; für den hohen Wert der Unberührtheit einer Braut Sir 42,10; Dtn 22,13–21): So hat der Apostel die Gemeinde einem »Mann« (Christus) als Ehepartnerin verbunden und jetzt die Aufgabe, sie diesem als »reine Jungfrau« bei der als Hochzeit vorgestellten Parusie zu übergeben (vgl. 1 Thess 5,23; 5,27). Die paulinische Ausdeutung dieses Bildes entspricht den Aussagen über das Brautverhältnis zwischen JHWH und Israel (Hos 1 – 3; Jes 54,5; 62,5 u.ö.; nach jüdischer Interpretation ist das auch Thema des Hld), der Bezeichnung Jesu als Bräutigam (Mk 2,19; vgl. Joh 3,29) und seinen Gleichnissen von der Hochzeit (Mt 22,1–14; 25,1–13; vgl. Offb 19,7). V. 3: Seine Sorge um die Bewahrung der Braut Christi (der Gemeinde) begründet der Apostel, indem er die jüdische Auslegung der Versuchungsgeschichte (nach Gen 3) zum Vergleich heranzieht: Danach hat die mit dem Teufel identifizierte Schlange durch ihre Arglist Eva getäuscht (vgl. 1 Tim 2,14) und geschlechtlich verführt. So ist jetzt die Gemeinde der

Verführung zum Abfall von ihrer lauteren und reinen Hingabe an Christus ausgesetzt. Dabei denkt Paulus an die Irreführung durch die von ihm bekämpften Gegner, die er später sogar »Diener Satans« (V. 15) nennt.

V. 4: Als Verdeutlichung und zugleich zweite Begründung für sein leidenschaftliches Verhalten erinnert Paulus die Korinther daran, daß sie es »ertragen« (wörtlich), sich also anfällig erweisen, wenn ihnen durch einen von außen Kommenden »ein anderer Jesus« gepredigt wird und sie dadurch »einen anderen Geist« empfangen (sich begeistern lassen), ja sogar »ein anderes Evangelium« annehmen. Nach Paulus verkünden die in Korinth eingedrungenen Gegner (vgl. 10,12–13) nicht denselben Jesus wie er, sei es daß sie nun Christi Erlösungstat nicht als einzigen Weg der Rechtfertigung lehren (wie die im Gal bekämpften Judaisten; Gal 1,6–9), sei es daß sie die Botschaft vom Gekreuzigten durch menschliche Weisheitslehren aushöhlen (wie die in 1 Kor zurückgewiesenen Enthusiasten) oder auf andere Weise von seiner Predigt abweichen. Die durch ihre Predigt geweckte Begeisterung stammt daher nicht vom Heiligen Geist, und das von ihnen geglaubte Evangelium ist deshalb ein anderes.

V. 5: Ohne die Tätigkeit der Irrlehrer und ihre Erfolge näher zu umreißen, nennt Paulus einen dritten Grund für sein leidenschaftliches Engagement: Er sieht sich in keiner Weise seinen Gegnern unterlegen. Diese nennt er wegen ihrer Überheblichkeit (Berufung auf Begabung, Redekunst, auch auf die Beziehung zu den Altaposteln) polemisch »Überapostel« (vgl. 12,11). Damit sind also nicht die Urapostel in Jerusalem gemeint, wie früher oft angenommen wurde. V. 6: Im Blick auf die an den Eindringlingen bewunderte, ihm aber abgesprochene Redekunst und Weisheit gesteht er, daß er zwar ein »Laie« in der »Rede« sei (vgl. 10,10; 1 Kor 2), nicht aber in der »Erkenntnis«, d.h. im Wissen um die volle Bedeutung des Evangeliums, und nicht im Bemühen, diese allen Korinthern (nicht bloß Eingeweihten) zu vermitteln.

Die Bewertung jeglichen Selbstruhms als Torheit hindert Paulus nicht daran, in der ihm aufgedrängten Selbstverteidigung sein untadeliges und in der Tat nicht unter den Scheffel zu stellendes Verhalten geltend zu machen. Für alle heutigen Leser ist dies eine ihnen vom Herrn des Lebens und der Kirche gegebene Warnung vor der Eitelkeit jeglichen Eigenlobes. Doch lehrt das Beispiel des Apostels auch, daß mitunter ein solcher törichter Selbstruhm angebracht ist, etwa gegenüber Kritikern, die in der Kirchengeschichte nur die Schattenseiten hervorstreichen und der Kirche an allem die Schuld geben.

Der Vergleich der Gemeinde mit einer Braut, die schon Christus gehört und ihm bei der Parusie als reine Jungfrau ganz übergeben wird, wirft ein Licht auf ihr innerstes Wesen: Sie ist keineswegs bloß eine Gemeinschaft Gleichgesinnter, sondern durch ihre (den einzelnen Mitgliedern vorgegebene) Teilhabe an Christus sein »Leib« (vgl. 1 Kor 12,12; Röm 12,4) und der durch seinen Geist geschriebene »Brief« (3,3). Dieses innige Verhältnis der Einzelgemeinde und der Gesamtkirche zu Christus drängt wie Paulus jeden Christen dazu, die Kirche als Braut Christi zu lieben (vgl. Eph 5,25–32), trotz ihrer unverkennbaren Mängel. Die Verwendung dieses im Alten Testament grundgelegten Bildes macht uns zudem aber darauf aufmerksam, daß jede Gemeinde auch als »Braut Christi« noch vielfältigen Versuchungen ausgesetzt ist. Die Sorge aller muß es daher sein, sie zu läutern, zu reinigen (vgl. Eph 5,27) und vor der Verführung zum Abfall zu bewahren, unbeschadet der Zusage an die Gesamtkirche, den Verlockungen des Bösen nicht zu unterliegen (vgl. Mt 16,18). Der Eifer des Apostels und letztlich jedes Christen für die Kirche hat im Eifer des Mose und der Propheten, besonders des Elija, aber auch Jesu selbst (vgl. Joh 2,17) sein Vorbild.

Wenn Paulus den Lesern seinen Eifer mit der Sorge um die Gemeinde angesichts ihrer Versuchung durch »Überapostel« begründet, so wird damit heute noch – als Wort Gottes – die Verpflichtung aller betont, jenen Leuten entgegenzutreten, die unter dem Anschein des Guten (s. w. u.) und mit dem Anspruch, als »Apostel« die volle Wahrheit über Jesus zu vermitteln, im Grunde ein »anderes Evangelium« lehren. Die Kirchengeschichte kennt viele Beispiele solcher Versuchungen und zeigt gleichzeitig auch, daß die Kirche ihnen nicht immer mit Klugheit begegnete. Es wäre aber gegen den Geist dieser Paulus- und Gottesworte, wollte man heute einfach jede irrige Auffassung als gleichberechtigt tolerieren. Dies fordert jedoch keineswegs die brutale Unterdrückung und Verfolgung der oft nur irregeleiteten Vertreter solcher Abweichungen von der Wahrheit.

Die rechte Beurteilung seines Verzichts auf Entgelt (11,7–15)

Daß Paulus für seine Predigt keine Gegenleistung annahm, wie dies sonst üblich war (vgl. 1 Kor 9,6ff), galt seinen Gegnern als Zeichen mangelnder Autorität; er machte ja von einem den Aposteln zustehenden Privileg keinen Gebrauch. In den Angriffen spielte dies offenbar eine große Rolle. Bei der Verteidigung seines Verhaltens (vgl. auch 11,20; 12,14–18; 1 Kor 9) entlarvt Paulus zugleich seine Widersacher.

V. 7: Um die Korinther für sich zu gewinnen, beginnt der Apostel mit einer ironischen Frage, die sie zu eigenem Urteil befähigen soll: Hat er durch die unentgeltliche Verkündigung des Evangeliums bei der Gründung ihrer Gemeinde etwa eine »Sünde« (wörtlich) begangen? Wie wenig das zutrifft, zeigt seine dadurch notwendig gewordene, bei Griechen verpönte Handarbeit (vgl. 1 Thess 2,9ff; Apg 18,3): Paulus wertet sie als »Erniedrigung«, die doch wieder der »Erhöhung« der Korinther, nämlich ihrer Hinführung zum Glauben diente. (Das verwendete Wortspiel »erniedrigt« / »erhöht« entspricht dem Schema von »Erniedrigung« und »Erhöhung« in Phil 2,6–11; vgl. 2 Kor 8,9.) V. 8: Warum er auf eine Unterstützung verzichten konnte, begründet Paulus – in polemischer Abwehr falscher Unterstellungen – mit Wendungen aus dem Leben der Besatzungstruppen: Er hat andere Gemeinden (z.B. Philippi; vgl. V. 9) »ausgeplündert« (wörtlich) und von ihnen »Sold« (wörtlich) für seinen Dienst in Korinth genommen. V. 9: Bei den Korinthern hingegen fiel er, selbst als er in Not (wörtlich: »Mangel«) geriet, niemandem zur Last; vielmehr haben die Christen aus Philippi seinem »Mangel« abgeholfen (Phil 4,14f). Paulus erklärt nicht, weshalb er von den Philippern, nicht aber von den Korinthern Unterhaltshilfe entgegennahm; er versichert bloß, es auch in Zukunft so zu halten. Vermutlich verzichtete er bei seiner Gründungsmission in Korinth darauf (über die 1 Kor 9,15–18 genannten Motive hinaus), weil wegen der konkreten Situation in Achaia (V. 10) die Annahme eines Entgelts Anlaß zu Mißdeutungen und Verdächtigungen hätte geben können. (Später hat Paulus in Korinth zumindest Gastfreundschaft in Anspruch genommen:

Röm 16,23.) V. 10: Mit einer Schwurformel (vgl. Röm 9,1) beteuert er, sich »diesen Ruhm« (wörtlich) des Verzichts in den Gebieten Achaias nicht nehmen zu lassen – auch nicht durch das Betreiben der Gegner. V. 11: Weil den Lesern sich bei dieser eidlichen Beteuerung die Frage nach dem Warum aufdrängt, kommt Paulus mit einer rhetorischen Frage der in Korinth verschiedentlich erwogenen Antwort zuvor, er tue das aus Lieblosigkeit bzw. wegen der Bevorzugung anderer Gemeinden. Mit der Beteuerung »Gott weiß es« (vgl. 12,2; Joh 21,15) nimmt er Gott zum Zeugen seines redlichen Vorgehens und seiner Liebe zu ihnen, die er 12,15 explizit ausspricht.

V. 12: Entschieden erklärt Paulus, warum er jetzt und in Zukunft auf die Annahme eines Entgelts seitens der Korinther verzichten werde: um seinen Widersachern, die sich gerne wie andere Wanderprediger hofieren lassen, die Möglichkeit zu nehmen, sich dafür auf ihn zu berufen. Er verzichtet demnach aus rein seelsorgerlichen Motiven auf seinen Unterhalt durch die Gemeinde und entlarvt damit zugleich die von den Gegnern ausgestreuten Verdächtigungen als Ausdruck ihres Ehrgeizes: Er soll sich ihnen anpassen, damit sie sich noch leichter ihres angeblichen Vorzugs als Apostel rühmen können. V. 13: Paulus verschärft die Entlarvung seiner Widersacher noch dadurch, daß er sie mit heftigen Worten bedenkt, wie sie in der damaligen Polemik gegen Gegner nicht selten waren: »Pseudoapostel« (wörtlich: vgl. »Pseudopropheten« Jer 33,8 LXX; Mt 7,15 u.ö.), »Falschbrüder« (11,26; Gal 2,4), »betrügerische Arbeiter« (vgl. »böse Arbeiter« in Phil 3,2 zur Bezeichnung judaistischer Gegner). Die Beschreibung »die sich als Apostel Christi verwandeln« (wörtlich) brandmarkt sie als Leute, die vorgeben, Boten Christi zu sein, obwohl sie es nicht sind. V. 14: Für Paulus ist dieses täuschende Vorgehen der Gegner nicht verwunderlich; er bringt es mit der ihm vertrauten jüdischen Überlieferung in Verbindung, wonach der Satan (vgl. 2,11) sich in einen Lichtengel verwandelte, um die aus dem Paradies vertriebene Eva noch einmal zur Sünde zu verführen (Apok Mos 17; Vita Adae 9ff). V. 15: Wer dies bedenkt, versteht auch, daß sich nach Ansicht des Apostels die »Diener Satans« als »Diener der Gerechtigkeit« verstellen. Die harte Aussage meint dabei nicht, daß Satans Untergebene regelrecht die Gestalt christlicher Missionare annehmen, sondern daß in letzteren der Satan am Werk sein kann (wie auch Jesus zu Simon sagen konnte: »Weg von mir, du Satan« Mk 8,33). Paulus beendet die Entlarvung seiner Gegner damit, daß er auf das ihnen drohende Gericht verweist (vgl. 5,10).

Der von Paulus gegenüber Unterstellungen verteidigte Verzicht auf ein zustehendes Entgelt für seine missionarische Tätigkeit (vgl. 1 Kor 9,5–18) zeigt, ohne zu unmittelbarer Nachahmung zu verpflichten, wie sorgsam alle Verkünder des Evangeliums darauf achten müssen, nicht zu Verdächtigungen Anlaß zu geben. Mitunter mag es auch für kirchliche Amtsträger heute angebracht sein, eher erniedrigende Dienste auf sich zu nehmen, als durch die Annahme von Lohn Anstoß zu erregen. Die Kritik vieler Christen zeigt diesbezüglich eine hohe Empfindlichkeit.

Wenn der Apostel die Verdächtigungen durch seine Gegner auf ihren Geltungsdrang zurückführt, sie der Verstellung beschuldigt und sogar mit dem Wirken Satans in Verbindung bringt, können wir als Menschen des 20. Jahrhunderts das nicht unkritisch übernehmen. Die Psychologie lehrt uns nämlich, daß nicht jede bösartig anmutende Tat auch immer böse gemeint ist, sondern mitunter aus subjektiv guter, wenn auch objektiv irregeleiteter Absicht geschieht. Außerdem ist heute bekannt, daß Menschen dazu neigen, eigene Schwächen (Aggressionen) auf andere zu projizieren und diese zu dämonisieren. Die Worte des Paulus dürfen deshalb nicht als endgültiges Urteil über seine Widersacher bewertet werden. Wie sehr hier die konkrete Auseinandersetzung hineinspielt, lehrt die viel mildere Beurteilung von Gegnern in Phil 1,17. Als Wort Gottes in menschlicher Sprache macht uns dieser Text jedoch darauf aufmerksam, daß wir alle in Gefahr sind, in der kirchlichen Verkündigung nur zu leicht uns selbst zu suchen und somit zu »Falschaposteln«, »unehrlichen Arbeitern« und angeblichen »Boten Christi« zu werden. Die scharfen Worte des Apostels mahnen uns auch eindringlich, bestehende Mißstände nicht zu verschweigen, sondern sie mutig aufzudecken, um größeren Schaden zu verhindern.

Die von Paulus wie auch von Jesus verwendete Redeweise, welche die Gegner des Evangeliums als »Satansdiener« apostrophiert, bedarf heute einer besonders sorgsamen Übersetzung. In solchen

Äußerungen kommt zum Ausdruck, daß wir in unserem Leben mit einer Macht zu rechnen haben, die unsere eigenen Kräfte übersteigt und über die früher in Personifizierungen gesprochen wurde. So wenig wir diese naiv nachvollziehen können, so wenig können wir das mit diesen Vorstellungen Gemeinte als eine uns alle betreffende Wirklichkeit bestreiten (s. o. S. 30). Die mythische Rede von der Verwandlung Satans in einen Lichtengel belehrt uns anschaulich darüber, daß Menschen oft unter dem Anschein des Guten zu bösen Taten verleitet werden. Eine alte kirchliche Praxis fordert deshalb zu Recht, nicht jeder gut scheinenden Anregung (ob Predigt, Buch, Ratschlag oder innere Anmutung) unkritisch zu folgen, sondern sie zu prüfen und uns in der Kunst der Unterscheidung zu üben.

3. Selbstruhm in Form der »Narrenrede« (11,16 – 12,13)

Paulus bedient sich in diesem Abschnitt ausgeprägter, als er es vorher in 11,1 andeutet, der Maske eines Toren, weshalb dieser Abschnitt oft »Narrenrede« genannt wird. Auf diese Weise kann der Apostel den Korinthern seine eigenen Vorzüge vor Augen halten. Er steigt gleichsam auf die Ebene der Gegner herab, um sie rhetorisch mit ihren eigenen Waffen zu schlagen und die Korinther wieder ganz für sein Evangelium zu gewinnen. Innerhalb von Kap. 10 – 13 bildet dieser Abschnitt den Höhepunkt der Selbstverteidigung des Paulus und hat deshalb eine besondere Bedeutung. Nach einer Einleitung (11,16–21) »rühmt« sich der Apostel seiner Mühen und Leiden (11,22–33) und beruft sich sogar auf eigene ekstatische Erfahrungen (12,1–6). Schließlich deutet er seine Ohnmachtserfahrungen im Licht eines Herrenwortes (12,7–10).

Einleitung (11,16–21)

Zu Beginn der Narrenrede leitet Paulus die Leser an, sein törichtes Selbstrühmen richtig zu verstehen. Er gibt den Grund dafür an und weist ironisch darauf hin, daß die Korinther sogar seine törichten Gegner ertragen.

V. 16: Unter Rückverweis auf 11,1 bittet Paulus die Korinther, ihn nicht für einen richtigen Narren zu halten, wenn er sich im folgenden wie ein solcher benimmt. (Dies steht nur scheinbar in Widerspruch zu V. 1, da der Apostel dort zwar wünscht, als »Tor« ertragen zu werden, letztlich aber weiß, daß er sich nur als Tor ausgibt.) Sollten sie dieser Bitte nicht entsprechen können, mögen sie ihn dennoch gewähren lassen; denn nur in der Rolle eines Toren kann er sich »auch« (wie die Gegner) ein wenig selbst rühmen und den Korinthern einen echten Vergleich ermöglichen. V. 17: Paulus weiß und sagt es offen, daß sein folgender Selbstruhm nicht »nach dem Herrn« (wörtlich) ist, d.h. seiner Lebensgemeinschaft mit dem Herrn nicht entspricht (vgl. 10,17). Wer sich nämlich selbst rühmt, vergißt, daß sein ganzes Tun Gnade ist (vgl. 4,7; 1 Kor 15,9). V. 18: Tut Paulus dies dennoch, folgt er damit der Handlungsweise der »vielen« (gemeint sind nicht bloß die Gegner, aber auch sie), die sich »nach dem Fleisch« (wörtlich), statt »nach dem Herrn« (vgl. V. 17) rühmen, d.h. aufgrund ihrer irdischen und vergänglichen Vorzüge (vgl. V. 22). Paulus begibt sich also auf das Niveau der Gegner. V. 19: Ein weiterer Grund für seine törichte Rede – so erklärt Paulus voller Ironie – liegt im Verhalten der Korinther zu den Gegnern: Als angeblich vernünftige, kluge Leute ertragen sie gerne die Narren, ohne deren Torheit zu merken. V. 20: Sie lassen sich vielmehr versklaven (unterdrükken und ihrer Freiheit im Urteil berauben; vgl. 1,24; 1 Petr 5,3), ausbeuten (durch die Ausnutzung des Unterhaltsrechts; vgl. 1 Kor 9,4), gefangennehmen (bestricken), übermütig behandeln und ins Angesicht schlagen (kaum wörtlich verstanden wie Joh 18,22; Apg 23,3, sondern im übertragenen Sinn von beschämender Behandlung). Möglicherweise verwendet Paulus bei dieser Aufzählung ein Schema egoistischer Verhaltensweisen, wie sie hellenistischen Wanderphilosophen nachgesagt wurden. V. 21: Gegenüber dem Ertragen solcher Prediger (der Gegner) durch die Korinther gesteht Paulus ironisch, daß er dazu zu »schwach« ist, und spielt dabei auf den ihm gemachten Vorwurf der Schwäche (10,10) an, auf die er später (am Höhepunkt der Narrenrede) näher eingeht. Zum Selbstruhm der Gegner, den er im folgenden näher durchleuchtet, erklärt er: »Wozu einer (von diesen) den Mut aufbringt – dies rede ich in Torheit –, dazu habe auch ich den Mut« (wörtlich).

Die hier von Paulus verwendete Sprachform der Narrenrede und Ironie scheint zunächst mit dem Wort Gottes unvereinbar. Die Bibel kennt aber mehrere Beispiele für diese Redeform (vgl. Lk 5,39; 9,32 und besonders das Spottlied auf den König von Babel Jes 14,4–21) und verwendet sie, um Menschen anzusprechen und wachzurütteln. Bekanntlich sind Argumente gegen Emotionen und Affekte meist wehrlos *(S. Freud)*; eine das Gemüt ansprechende, verfremdende, mitunter zum Lachen provozierende Redeweise kann hingegen helfen, Fixierungen zu lösen, Fehleinschätzungen zu erkennen und den Blick für die Wahrheit freizumachen. Daher darf auch diese Einleitung zur »Narrenrede« als menschlich formuliertes Wort Gottes gelten, das uns zur besseren Selbsterkenntnis anleitet.

Das den Gegnern schematisch vorgeworfene egoistische Verhalten bei ihrer Mission ist ein Spiegel für alle in Seelsorge und Verkündigung tätigen Christen: Wie oft wurde und wird in der Kirche unter »frommem« Vorwand ähnlich gehandelt?

Die Betonung der Torheit des Selbstruhms hält uns an, den Versuchungen zu Ehrsucht und Eitelkeit innerhalb der Kirche zu widerstehen, mitunter auch durch ein humorvolles Lächeln über unser eigenes, keineswegs immer verborgenes eitles Gehabe.

Der Selbstruhm des Apostels: sein Mühen und Leiden (11,22–33)

Nach einem kurzen Vergleich mit den Ruhmestiteln der Gegner (VV. 22–23 b) belegt Paulus mit einem kunstvoll gegliederten und durch Wiederholungen bzw. Parallelismen rhetorisch geprägten »Peristasenkatalog« (s. o. S. 62 zu 6,4–9), warum er mehr als andere ein »Diener Christi« ist (VV. 23 c–29). Abgeschlossen wird dieser Selbstruhm durch einen grundsätzlichen Rückblick und den Bericht über die Demütigung bei der Flucht aus Damaskus (VV. 30–33).

V. 22: Anders als in 10,12 angegeben, zieht Paulus jetzt einen Vergleich mit seinen Gegnern. Die ersten drei Ehrentitel (in griech. Textausgaben jeweils mit einem Fragezeichen versehen: »Hebräer sind sie? ...«) beziehen sich auf die Herkunft: hebräisch sprechend (im Unterschied zu den Hellenisten; vgl. Phil 3,5; Apg 6,1), zum auserwählten Volk gehörig (vgl. Röm 9 – 11), Erben der an Abraham ergangenen Verheißung (vgl. Röm 9,7; 11,1; Joh 8,33). Da kein besonderer Bezug auf das Gesetz vorliegt, gehören die sich dieser Ehrentitel rühmenden Juden wohl nicht zu den von Paulus in Gal und Röm bekämpften Judaisten, sondern sind eher gnostisierende Judenchristen. Paulus kann ihre Titel genauso für sich beanspruchen.

V. 23: Mit dem Titel »Diener Christi« pochen die Gegner darauf, als Missionare im Dienst Christi zu stehen (nach V. 15 erheben sie fälschlich den Anspruch, »Apostel [= Boten] Christi« zu sein). Der griechische Ausdruck *diakonos* steht dabei nicht im Sinn des späteren Diakonenamtes. Paulus beansprucht diese Ehrenbezeichnung nicht nur wie sie, sondern in viel höherem Maß. Das wagt er allerdings nur »als Wahnsinniger« (wörtlich) zu sagen, weil es um ein Gnadengeschenk und keinen persönlichen Ruhmestitel geht (vgl. 1 Kor 15,9; 4,7). Zur Begründung nennt er summarisch vier Situationen (Peristasen), die sein Leben mehr geprägt haben als das der Gegner: Mühen (vgl. 6,5; 1 Thess 2,9; 1 Kor 15,9f), Gefangenschaften (vgl. Phil 1,7.13; Phlm 1; Apg 16,23–40), Schläge (vgl. V. 24), Todesgefahren (vgl. 1,10; 4,10; 1 Kor 15,30f). Paulus rühmt sich damit seiner größeren Teilhabe an der Bedrängnis Christi (vgl. 1,6; 4,7ff), was seine Gegner offensichtlich nicht tun und auch gar nicht können.

V. 24f: Die allgemeinen Angaben belegt Paulus näher mit Erfahrungen, die ihm gut in Erinnerung geblieben sind: fünfmalige Prügelstrafe in jüdischen Synagogen (nach Dtn 25,3 waren »vierzig weniger ein« [wörtlich] Schläge das höchste Strafmaß), (V. 25) dreimalige Peitschung mit Ruten durch römische Behörden, obwohl diese Strafe an einem römischen Staatsbürger nicht vollzogen werden durfte (vgl. Apg 16,22); einmalige Steinigung (nach Apg 14,19 in Lystra); dreimaliger Schiffbruch (vgl. die Anspielung in 1,8; in Apg nur bei der späteren Romfahrt 27,39–44 erwähnt). V. 26: In stilistisch abgehobener Form zählt Paulus dann Gefahren auf, in die er bei seinen Missionsreisen geriet, zu denen nicht bloß die in der Apg beschriebenen, sondern auch frühere (vgl. Gal 1,21–24) gehören. Als ihren Höhepunkt nennt er die Bedrohungen durch »Falschbrüder«, zu denen er außer den Judaisten (Gal 2,4) wohl auch solche wie die »Falschapostel« (V. 13) in Korinth rechnet. V. 27: Charakteristisch für sein Wirken sind ferner viele Entbehrungen in Verbindung mit den Missionsreisen und Aufenthalten an fremden Orten. V. 28: Anderer Art sind dann die Bedrängnisse, welche sein seelsorgerliches Bemühen um die Gemeinde und die einzelnen mit sich bringt (vgl. 1 Thess 2,15; 1 Kor 9,19–23; Apg 20,18–31). V. 29: Beispielhaft dafür erwähnt er in zwei rhetorischen Fragen, daß er stets die Schwächen der einzelnen mitempfindet und Ärgernissen nicht teilnahmslos zuschaut (»Wer nimmt Anstoß und ich entbrenne nicht«, wörtlich).

V. 30: Im Rückblick auf den Peristasenkatalog betont Paulus schließlich (um jedes Mißverständnis auszuschließen), daß es für ihn nur einen echten Ruhmestitel gibt: seine eigenen Schwächen (vgl. die Begründung in 12,7–10). V. 31: Analog zu anderen Stellen (11,11; Röm 9,1; Gal 1,20) ruft er Gott zum Zeugen dafür an, daß er die Wahrheit sagt und nicht lügt, wie er es den Gegnern vorwirft (VV. 13–15).

V. 32: In einem locker angefügten Nachtrag und zugleich in Vorbereitung der dann aufgezählten Entrückungen (Erhöhungen) berichtet Paulus eine Episode aus seinem Leben, die in den Augen vieler Zeitgenossen als beschämende Erniedrigung gelten mußte: Bei seinem Aufenthalt in Damaskus (den Lesern bekannt durch die Angaben über seine Berufung und die dortige Predigt: Gal 1,17; vgl. Apg 9,1 ff.19–25), das damals unter römischer Oberherrschaft stand, versuchte der König der Nabatäer Aretas IV. (9 v. – 40 n. Chr.), ihn gefangenzunehmen, indem er die Stadt belagerte (wozu er vermutlich als Statthalter der Römer befugt war). Der Grund für diese Maßnahme – Paulus nennt ihn nicht – war offensichtlich eine befürchtete Unruhe, veranlaßt durch Streitereien der Juden über die verschieden gedeutete Predigt des Apostels (vgl. die freie Erzählung in Apg 9,23–25). V. 33: Die heimliche Flucht des Paulus in einem von der Mauer herabgelassenen Korb steht in scharfem Kontrast zu der bei römischen Soldaten hochbewerteten Erstbesteigung der Mauer einer feindlichen Stadt, wofür als Ehrung die »Mauerkrone« *(corona muralis)* verliehen wurde.

Das Urteil des Apostels – uns als Wort Gottes anvertraut – über die damals hoch angesehenen Ehrentitel zwingt uns, die heute im Staat und selbst in der Kirche beliebte Berufung auf Herkunft, Begabung und Ansehen mit nüchternen Augen zu sehen: Was gilt dies vor Gott *(quid hoc ad aeternitatem)*?

Die von Paulus gebotene Begründung dafür, warum er sich – wenn auch nur »töricht« – mehr als andere als »Diener Christi« bezeichnen kann, liefert uns als Wort Gottes ein eindrucksvolles und bedenkenswertes Kriterium dafür, ob und wann jemand zu Recht als »Diener Gottes« gelten darf: Nicht hohes Wissen, außergewöhnliche Leistungen und kirchliche Ämter geben den Ausschlag, sondern einzig die Teilhabe an der Bedrängnis Christi (vgl. außer 4,8; 6,4–9 noch 1 Kor 4,10–13; Mk 9,34 par). Leider verleiten kirchliche Titel, Ehrungen und Auszeichnungen häufig zu einer gegenteiligen Bewertung. Der uns hier geschenkte Einblick in das Leben des Apostels, dem das Leben vieler heiliger Männer und Frauen zur Seite zu stellen ist, fordert jeden Christen heraus, sein Tun und sein Verlangen nach Anerkennung zu überdenken.

Durch die Nachricht über die heimliche, beschämende Flucht des Paulus wird uns schließlich gesagt, daß neben mutigem Ausharren und freimütigem Bekenntnis mitunter auch Rückzug und Ausweichen im Leben der Christen ihren Platz haben.

Berufung auf ekstatische Erfahrungen (12,1–6)

Nur widerwillig geht Paulus auf seine außergewöhnlichen Erfahrungen ein; er spricht darüber sehr distanziert – wie über eine andere Person – und begründet abschließend, warum er sich dazu nicht offen äußert.

V. 1: Paulus fühlt sich – wohl weil seine Gegner auf ekstatische Erfahrungen pochten – gezwungen, die eigenen Vorzüge zu rühmen. Dabei ist er überzeugt, daß dies dem Aufbau der Gemeinde kaum »nützt« (vgl. 1 Kor 10,23; 12,7). In dieser zwiespältigen Haltung faßt er Erlebnisse ins Auge, die er mit zwei keineswegs immer eindeutig verwendeten Worten bezeichnet: »Gesicht« (Vision, Erscheinung) steht in den Paulusbriefen nur hier; Lukas bezeichnet damit eine Engelerscheinung im Tempel (1,22) und im leeren Grab (24,23), aber auch – anders als Paulus selbst – das Erlebnis des Apostels vor Damaskus (Apg 26,19). »Offenbarung« (dem griechischen *apo-kalypsis* entspricht besser die Übersetzung »Ent-hüllung« [von Verhülltem, Verborgenem]) kann Paulus seine einzigartige Erfahrung vor Damaskus bezeichnen, bei der Gott ihm Christus als »Sohn« bekannt machte (Gal 1,12.16), aber auch eine himmlische Anweisung (Gal 2,2; vgl. 1 Kor 14,6.26), schließlich die endzeitliche Offenbarung Christi (Röm 2,5; 8,19; 1 Kor 1,7) und die schon in der Geschichte erfolgende Kundgabe von Gottes Gericht (Röm 1,18). Beide Wörter bezeichnen hier ganz allgemein außergewöhnliche Erfahrungen, durch die dem Apostel bisher oder sonst Verborgenes durch den Herrn gezeigt oder enthüllt wurde. Vermutlich greift Paulus dabei von den Gegnern verwendete Ausdrücke auf.

V. 2: Auffälligerweise beschreibt der Apostel seine Erfahrungen nicht direkt, sondern spricht über »einen Menschen in Christus« (wörtlich), also jemanden, der durch die Taufe oder eine besondere Berufung mit Christus verbunden ist und den er (Paulus) zu kennen scheint. Letztlich meint er sich selbst. Er bedient sich dieser Redeweise (Bescheidenheitsstil), um die Aufmerksamkeit von sich selbst abzulenken und keinem Gelegenheit zu geben, ihn persönlich zu rühmen (vgl. V. 5f). Die Angabe »vor 14 Jahren« zeigt an, daß ihm das Erzählte in guter Erinnerung geblieben ist (vgl. Jes 6,1; Ez 1,1); sie verweist auf eine Zeit (ca. 41/42) vor seiner Tätigkeit in Korinth, aber lange nach seiner Begegnung mit dem Auferstandenen vor Damaskus (Gal 1,16; Apg 9; 22; 26) sowie den von Lukas als »Vision« geschilderten Erlebnissen in Apg 16,9f; 18,9; 22,17 (vgl. noch Apg 27,23). Diese chronologische Datierung verbietet es, das Erzählte mit dem Damaskuserlebnis (ca. 35) zu identifizieren. Das folgt auch aus der Schilderung als Entrückung »bis in den dritten Himmel«, die einer Ausdrucksweise in jüdischen Apokalypsen über verschiedene Sphären entspricht, unter denen der »dritte Himmel« (später der »siebente Himmel«) als der höchste, göttliche Bereich gilt (vgl. slawHenoch 8,1; 20,3). Diesen Vorstellungen entspricht auch die ähnlich gelagerte Rede von einer Entrückung und Versetzung aus dem irdischen in den himmlischen Bereich (vgl. Offb 12,5; auch 1 Thess 4,17). Eine nähere Bestimmung von »im Leibe, ... außerhalb des Leibes« (wörtlich), wie sie der neugierige Frager erwartet, bietet Paulus nicht. (Sicherlich ist hier nicht die griechisch-philosophische Unterscheidung von Leib und Seele gemeint wie etwa bei *Plato,* Staat X 614.) Das Wissen darum überläßt er Gott (vgl. 11,11).

V. 3f: Paulus wiederholt sein Wissen um diesen »Menschen«, betont aber zugleich noch einmal seine Unkenntnis der näheren Art und Weise (»im Leib, ... außerhalb des Leibes«) dieser Erfahrung. Er kennzeichnet sie kurz als Entrückung »in das Paradies«. Das aus dem Persischen stammende Lehnwort (ursprünglich: Garten) bezeichnete damals den Bereich der endzeitlichen Vollendung (vgl. Lk 23,43; Offb 2,7), analog zum Garten Eden (Gen 2,8). Paulus malt die Entrückung allerdings nicht aus, wie das in religionsgeschichtlich verwandten Texten geschieht (z.B. äthHen 39,3f), wo ein Entrückter oder Träumender sozusagen eine Reise durch himmlische Regionen unternimmt. (In apokryphen Paulusapokalypsen werden diese kurzen Angaben des Apostels später ergänzt und breit entfaltet.) Er schreibt darüber nur noch – vielleicht mit einer Spitze gegen die sich solcher Erfahrungen rühmenden Gegner – in einer paradox klingenden Formulierung: »und er hörte unaussprechbare gesprochene (Worte)«. Er vernahm »unsagbares Sagen« *(F. Stier)*, also etwas, worüber ein Mensch nicht sprechen kann (vgl. 1 Kor 2,9; sowie 1 Kor 13,1: »Sprache der Engel«), aber auch »nicht sprechen darf« (wörtlich). Der Inhalt dieser außergewöhnlichen Erfahrung ist daher im Unterschied zu den mit einem Verkündigungsauftrag verbundenen Berufungen zum Propheten- oder Apostelamt nicht für die Predigt oder das rühmende Weitererzählen bestimmt. Deshalb dient eine solche Erfahrung auch nicht dem Aufbau der Kirche, sondern nur dem damit Begnadeten (vgl. die Bewertung der Glossolalie in 1 Kor 14,2–4).

V. 5: Im Bescheidenheitsstil (vgl. V. 2) gibt Paulus zwar zu, daß ein so begnadeter Mensch sich eigentlich rühmen dürfte, lehnt solches aber (wohl im Unterschied zu den Gegnern) für seine eigenen Erfahrungen ab. Vielmehr will er sich einzig seiner Teilhabe an der Schwäche Christi rühmen, wie er schon vorher (11,30) betonte und nachher (12,9) weiter ausführt. V. 6: Um nicht mißverstanden zu werden, legt Paulus kurz die Narrenrobe ab: Würde er sich solcher Vorzüge rühmen, wäre er kein Tor oder Lügner. Er hat also in Wahrheit diese außergewöhnlichen Erfahrungen gemacht, verzichtet jedoch darauf, darüber zu sprechen, damit ihn keiner wegen solcher sensationellen Erlebnisse als Autorität (oder als Prahler) einschätzt. Hingegen will er nach dem bewertet werden, was alle von ihm hören und sehen können: nach seinem Leben in der Teilhabe an Christi Schwäche und gemäß dem von ihm verkündeten Evangelium vom Kreuz. (Falls V. 7a noch zu V. 6 gezogen wird, was grammatikalisch möglich ist, würde Paulus damit nochmals unterstreichen, daß er nicht »wegen des Übermaßes an Offenbarungen« geschätzt werden möchte.)

Zuallererst werden wir durch diese Pauluswort von Gott belehrt, daß außergewöhnliche religiöse Erfahrungen mit Zurückhaltung zu beurteilen und weder zum Maßstab der Hochschätzung damit begnadeter Menschen, noch zur Quelle kirchlicher Verkündigung zu machen sind. Die Kirchengeschichte und auch heutige Vorkommnisse zeigen, daß die von Paulus gegen sensationshungrige Christen seiner Zeit gerichteten Worte bleibende Aktualität besitzen. Der den Apostel leitende Grundsatz, daß solche »Visionen und Offenbarungen« nicht für die Verkündigung und den Aufbau der Gemeinde bestimmt sind und diesbezüglich wenig nützen, verdient deshalb als Weisung Gottes höchste Beachtung. Damit ist nicht ausgeschlossen, daß einzelne durch solche »Offenbarungen« einen für die ganze Kirche wichtigen Impuls erhalten können, wie dies auch für Paulus selbst zutrifft (z.B. V. 9; vgl. Apg 16,9f; 18,9; 22,17; 27,23) und wie aus der Offenbarung des Johannes sowie aus dem Leben der Heiligen zu erfahren ist. (*Nikolaus von Kues* folgert in einer freien Auslegung unserer Worte, durch dieses mystische Erlebnis sei dem Paulus sein »belehrtes Nicht-Wissen« *[docta ignorantia]* von der Person des menschgewordenen Sohnes Gottes geschenkt worden.)

Die im Bescheidenheitsstil vorgetragenen Aussagen des Apostels zeigen außerdem: Ekstatische Erlebnisse sind auch im Leben von Christen (wie außerhalb der Kirche) möglich und müssen nicht immer als Einbildung oder Trug gelten, selbst wenn sich tiefenpsychologisch manche natürliche Erklärung dafür anbietet. Gott kann sich wie bei den Wundern auch hier der natürlichen Kräfte bedienen. Aus biblischer Sicht zählen diese Erfahrungen zu den Charismen, aber zu solchen, denen – wie etwa der Glossolalie – keineswegs der höchste Rang zukommt.

Wie die Frontstellung des Apostels in unserem Text zeigt, ist im einzelnen Zurückhaltung geboten. Das gilt besonders für die Inhalte und Formen solcher Erlebnisse. So wie die von Paulus gewählte Ausdrucksweise (Visionen und Offenbarungen, Entrückung bis in den dritten Himmel bzw. ins Paradies) zeitbedingter Rede folgt, gilt dies auch für heutige Erfahrungen. Die in der Formulierung »unaussprechbare gesprochene (Worte)« erkennbare Polemik weist uns alle an, den in Ekstasen angeblich mitgeteilten »Botschaften« und »Offenbarungen« (etwa über das Fegefeuer oder bestimmte Formen der Marien- und Engelverehrung) mit Vorsicht zu begegnen.

Besonderes Gewicht behält der angegebene Grund, warum über solche Erfahrungen zu schweigen ist: Durch sie könnte ein falsches Urteil über die Begnadigten entstehen, und Sensationslust könnte vom eigentlichen Kern der Botschaft des Apostels ablenken: seiner Teilhabe an der Bedrängnis Christi und dem ihm anvertrauten Wort vom Kreuz.

Bewältigung der Ohnmacht im Licht eines Herrenwortes (12,7–10)

Als zentrale Aussage der Narrenrede begründet Paulus, warum er sich einzig seiner Schwäche rühmen darf. Er beruft sich dabei auf ein ihm als Antwort auf sein Gebet geschenktes Wort des Herrn, erläutert dieses durch zwei Folgerungen und gibt es abschließend in einer eigenen Umformung wieder.

V. 7: Unabhängig von der grammatikalisch möglichen Verbindung von V. 7a mit V. 6 (s. o.) geht Paulus auf eine in Kontrast zu seiner außergewöhnlichen Begnadigung stehende Erfahrung besonderer Schwäche ein. Er charakterisiert sie auf doppelte Weise: als »Pfahl im Fleisch« und als »Schläge des Engels Satans«. »Pfahl« (bzw. Stachel, Spitzholz, Dorn) steht hier bildhaft für die Ursache eines »im Fleisch« (im Körper bzw. in der hinfälligen Existenz) erfahrenen Übels. Ob dem Apostel dabei die Qual eines durch Pfählung Gefolterten vor Augen steht, ist fraglich. Abgelehnt wird heute mit Recht die durch die lateinische Übersetzung »stimulus carnis« angeregte Deutung auf sexuelle Versuchungen oder Gewissensbisse wegen der Verfolgertätigkeit; unzutreffend ist auch die Interpretation des »Stachels« als Bezeichnung für die »Gegner« (wie Num 33,55; Ez 28,24). Die Rede von einem »Engel Satans«, der Paulus mit der Faust schlagen soll, entspricht der damaligen mythologischen Vorstellung, Krankheiten seien auf den Einfluß Satans bzw. seiner Boten oder auf Dämonen zurückzuführen (z. B. Mk 1,23; 5,2–5; 9,17f; Lk 13,16; Apg 16,16f; vgl. Ijob

2,6). Mit beiden Ausdrucksweisen bezeichnet Paulus offenbar eine körperliche Schwäche, die im Lauf der Geschichte mit fast allen möglichen Krankheiten identifiziert wurde, vor allem mit Augenleiden (vgl. Gal 4,13–19) und Epilepsie. Nicht auszuschließen ist, daß Paulus ein körperliches Leiden meint, das ihm in Verbindung mit ekstatischen Erlebnissen widerfuhr; aus dem Leben von Mystikern ist ja ähnliches bekannt. Dem Apostel ist jedenfalls eine nähere oder gar medizinische Definition der Schwäche nicht wichtig. Nach V. 10 gehört sie für ihn zu den Bedrängnissen, wie er sie 11,24–27 auflistet. Er wertet diese Ohnmachtserfahrung zunächst als Erziehungsmittel: Sie wurde ihm zuteil, »damit« er sich nicht »überhebe«, d.h. sich nicht der vorher erwähnten »Offenbarungen« rühme oder sie hochspiele, wie er dies bei den Gegnern beobachtet. Wie bedeutsam das für Paulus ist, erhellt die Wiederholung des Motivs am Ende von V. 7 (vgl. die verwandte Argumentation in 1,9; 4,7 sowie 1 Kor 1,27–29).

V. 8: Die nach Paulus wesentlich durch eine satanische Macht bedingte Schwäche veranlaßte ihn, den »Herrn« (gemeint ist Christus: vgl. V. 9f) zu bitten, damit dieser dem Wirken des Satansdieners Einhalt gebiete. »Dreimal« kann formelhaft die Inständigkeit des Betens beschreiben (vgl. Jesu Beten in Getsemani, Mk 14,31ff), aber auch auf den jüdischen Brauch anspielen, dreimal am Tag zu beten (Ps 55,16f; Dan 6,11). Ein Gebet zu Jesus Christus erwähnt Paulus noch 1 Thess 3,12f; 1 Kor 1,2 (vgl. auch den urkirchlichen Gebetsruf »maranatha – unser Herr, komm«: 1 Kor 16,21; Offb 22,20; Did 16,1).

V. 9: Der Apostel kann keine direkte Erhörung seiner Bitte berichten, wohl aber eine ihm vom Herrn geschenkte Antwort. Wichtiger als deren Zeitpunkt und Umstände (etwa bei einer Vision?) ist ihm ihre bleibende Bedeutung, wie die Einleitung in der Perfektform anzeigt: »und er hat mir gesagt« (wörtlich). Der doppelgliedrige Spruch ist das einzige direkt an Paulus gerichtete Wort des Herrn, das uns der Apostel überliefert, und gilt mit Recht als Spitzenaussage der Narrenrede. (Die sonstige Berufung auf ein »Wort des Herrn« wie z.B. in 1 Thess 4,14f und 1 Kor 7,10 ist davon zu unterscheiden, ebenso wie die im Rahmen freigestalteter Erzählungen wiedergegebenen Worte in Apg 9,4f; 22,7–10.18–21; 26,14–18; vgl. auch Offb 1,10f.17ff).

Der Vordersatz »es genügt dir meine Gnade« (wörtlich) gibt Paulus zu verstehen, warum seine Bitte nicht seinen Erwartungen gemäß erhört wird: Die Gnade (Huld, gütige Zuwendung) des Herrn gewährt ihm hinreichend Hilfe und Kraft, um in seiner Notlage auszuharren. Der Nachsatz »denn die Kraft vollendet sich in der Schwachheit« (wörtlich) begründet den Vordersatz in Form einer allgemein gültigen Aussage: Stärke erweist sich als solche gerade in Situationen der Schwäche. (In manchen Handschriften und Übersetzungen wird diese allgemeine Gültigkeit durch die Lesart »*meine* Kraft« verdeckt.) Vom Zusammenhang her legt sich aber der Gedanke nahe: Die Kraft Christi, seine Gnade, erweist sich in der Schwäche des Paulus als wirksam und mächtig.

Aus dieser Antwort des Herrn zieht Paulus als erstes die Folgerung, sich deshalb lieber (mehr) seiner Schwachheit zu rühmen und dafür zu danken, statt weiter um Befreiung von ihr zu bitten. Er braucht sich dieser Schwäche ja nicht zu schämen, da er jetzt weiß: Die Erfahrung seiner Ohnmacht dient dazu, daß die Kraft Christi (vgl. 1 Kor 1,24 f) auf ihm »zelte« (wörtlich; vgl. Ex 25,8 f; Ez 37,27; Joh 1,14) und sich dabei als mächtig erweist (vgl. Phil 4,13).

V. 10: Im Sinn einer zweiten Folgerung aus dem Wort des Herrn erklärt Paulus, daß er sein augenblickliches Leben »in Schwäche« bejaht »um Christi willen« (die Wendung steht im griechischen Text zwar am Ende des Satzes, bezieht sich aber auf das Verb; es geht hier nicht nur um Bedrängnisse, die ihn direkt um Christi willen treffen; anders 1,5; 4,10). Durch seine Schwäche gibt er ja dem Wirken Christi in seinem Leben Raum. Ein kleiner Peristasenkatalog (ähnlich wie 11,23b–29) verdeutlicht die Angabe »in Schwäche« und zeigt, daß der Apostel die Antwort des Herrn nicht bloß auf die ihn bedrängende Krankheit bezieht. Die abschließende, paradox klingende Feststellung »denn wenn ich schwach bin, dann bin ich stark« ist im Grunde die von Paulus geschaffene Umformung der ihm vom Herrn gegebenen Antwort, die er sich als Lebensgesetz zu eigen macht.

Durch diese Worte des Apostels werden heute alle Christen von Gott her aufgerufen, menschliche Ohnmachtserfahrung von einem höheren Gesichtspunkt aus zu betrachten. Die bildhaft-mythologische Redeweise über die Krankheit lädt uns ein, die Grenzen bloß medizinischer Diagnose zu erkennen. Unser Leben wird häufig von Kräften geprägt, die unsere persönlichen Fähigkeiten übersteigen, mögen wir darüber im einzelnen auch sehr wenig wissen und frühere mythologische Erklärungen ebenso für unzureichend erachten wie moderne medizinische Einsichten. Mit Paulus dürfen wir aber vertrauen, daß solche Ohnmachtserfahrungen nicht einfach sinnlos sind. Sie warnen vielmehr davor, uns wegen bestimmter Begabungen und Fähigkeiten – dazu gehören auch die Erfolge der modernen Wissenschaften – über andere zu erheben; sie mahnen uns überdies, unsere menschlichen Grenzen gemäß der alten Tempelinschrift von Delphi einzugestehen: »Erkenne dich selbst!«, d.h. erkenne, daß du ein sterblicher Mensch bist und nicht ein Gott, der über Leben und Tod verfügen kann, wie er will und vermag.

Durch die dreimalige Bitte des Paulus um Hilfe in seiner Bedrängnis werden wir ermutigt, uns in unseren Nöten bittend an Christus zu wenden. Er ist der Herr über alle Mächte, die unser Leben bedrohen; als solcher hat er sich in seinem Wirken ausgewiesen und die Besiegung aller Gewalten der Finsternis durch den Anbruch der Gottesherrschaft verkündet (vgl. Lk 10,18; Mt 12,28 par). Solches Beten entspricht dem Beten Christi in Getsemani: »Herr, wenn du willst, laß diesen Kelch an mir vorübergehen« (Mk 14,32–41; vgl. Hebr 5,6f). Wie Jesus muß aber jeder Beter die Erhörung letztlich Gott überlassen (»Herr, nicht wie ich will, sondern wie du willst«, Mk 14,36) und damit rechnen, daß er häufig nicht so erhört wird, wie er es sich vorstellt.

Die Paulus auf sein Flehen hin geschenkte Antwort ist zwar keine Gebetserhörung, wie er sie sich erhoffte, sie ist aber doch eine echte Erhörung (nach Hebr 5,7 wurde auch das Beten Jesu erhört, obwohl ihm das Kreuz nicht erspart blieb; vgl. Lk 22,43). Der Herr hilft ihm durch seine Antwort ja, das aufgebürdete Leid in seiner Kraft zu bewältigen, und gibt ihm so die Möglichkeit, der Kraft Christi in seinem Leben und Wirken mehr Raum zu geben im Hinblick auf die eigene Vollendung und die Vollendung der Welt. Verständlich ist diese Antwort letztlich aber nur dem, der wie Paulus um den unsere Welt bestimmenden Hintergrund weiß und glaubt, daß Christi Schwäche am Kreuz zu seiner Macht und Herrlichkeit führte (vgl.

13,4; Phil 2,6–11). In dieses Christusgeschehen ist wie Paulus jeder Christ hineingenommen, wenn auch nicht immer in gleicher Weise. Die Antwort des Herrn an Paulus ergeht an uns also als Wort Gottes und gibt dadurch der christlichen Verkündigung vom Sinn des in Gemeinschaft mit Christus erduldeten Leidens größtes Gewicht. Dieses wird auch nicht durch den Umstand gemindert, daß wir aus moderner Sicht nicht mehr exakt zu sagen vermögen, ob Paulus diese Antwort so vom Herrn vernommen hat oder ob er – wofür mehr spricht – die ihm beim Gebet geschenkte Einsicht im Licht früherer Erfahrungen und anderer biblischer Aussagen mit den jetzigen Worten wiedergegeben hat.

Durch die von Paulus aus der Antwort des Herrn gezogenen Folgerungen werden wir alle angeleitet, uns dieses Wort des Herrn als Wort Gottes an uns zu eigen zu machen und in seinem Licht alle »Minderungen des Lebens« *(Teilhard de Chardin)* zu ertragen und zu bejahen: Sie bieten auch heute die Möglichkeit, daß an uns und durch uns Gottes Kraft sich als mächtig erweist, wie es im Alten Bund vom Zelten Gottes inmitten seines Volkes erzählt wird. Statt der Flucht vor dem Leid, die zumeist unser Leben prägt und in gewisser Hinsicht auch notwendig sein mag (vgl. die dreimalige Bitte des Paulus in V. 8), ermutigen uns diese Worte, dem Kreuz nicht auszuweichen, wenn wir wie Simon von Zyrene (Mk 15,21) zum Mittragen und unter Umständen sogar zum Mitleiden aufgefordert werden (vgl. 2 Kor 4,10f; Phil 3,10; 4,13f sowie ihre Neuinterpretation in Kol 1,24). Die abschließende Neuformulierung der Antwort des Herrn in der Form eines für Paulus gültigen Lebensgesetzes wendet sich an uns alle, damit wir sie als letztlich von Gott geschenkte Maxime beherzigen.

Abschluß der Narrenrede (12,11–13)

Im Stil antiker Rhetorik beschließt Paulus die Narrenrede, indem er rückblickend das Selbstrühmen mit der ihm aufgenötigten Selbstverteidigung begründet. Diese veranlaßt ihn auch, über seine »Zeichen des Apostels« in Korinth zu sprechen.

V. 11: Paulus gesteht, wie er während der Rede schon mehrfach betonte (11,1.16; 12,6), daß er durch das Selbstrühmen (auch betreffs seiner Schwächen) wirklich zu einem Tor wurde, der eine

Narrenrede hielt. Die Korinther haben ihn dazu gezwungen, weil sie ihn gegenüber Angriffen nicht verteidigten. Paulus ist nämlich nicht geringer als die Gegner, die er »Überapostel« nennt (s. zu 11,5). Wie er schon oben ausführte (11,22f), wagt er dies zu sagen, obwohl er sich – wohl in Anspielung auf einen Vorwurf der Gegner – als »ein Nichts« versteht. Dieses auch sonst von Paulus gemachte Eingeständnis (1 Kor 3,7; 13,2) gründet in seinem Wissen, daß er alles der Gnade Christi verdankt (1 Kor 15,10). Möglicherweise nimmt er dabei die alte sokratische Einsicht auf, daß der Mensch im Vergleich zu den Göttern nichts ist. Zu solcher Selbsterkenntnis hatte schon das Orakel von Delphi (s. o. S. 109) aufgefordert, und ihm entsprechend konnte Sokrates das Eingeständnis seines Nicht-Wissens (»ich weiß, daß ich nichts weiß«) dem vermeintlichen Wissen anderer als Wahrheit entgegensetzen.

V. 12: Daß er hinter den Gegnern nicht zurücksteht, erweist Paulus über die Angaben von 11,21b–23 hinaus durch die von ihm gewirkten »Zeichen des Apostels«, an denen abgelesen werden kann, daß er Apostel Christi ist. Solche Zeichen »wurden« in ihrer Mitte »gewirkt« – Paulus vermeidet wohl bewußt die aktive Form, um nichts davon sich selbst zuzuschreiben – »in großer Geduld« (wörtlich), also in Situationen, die Geduld und Ertragen erforderten, wie er sie in der Aufzählung von Bedrängnissen immer wieder beschreibt (z.B. 11,23–29). Die Begriffe »Zeichen, Wunder und machtvolle Taten« sind den Lesern aus alttestamentlichen Erzählungen über die Vorgänge beim Exodus bekannt (z.B. Ex 7,3; Dtn 7,19; 11,3; 34,11; Ps 134,9; Weish 10,16); sie werden von Paulus noch Röm 15,18f verwendet und oft in der Apg gebraucht, um Gottes Taten durch Jesus (2,22) bzw. die Apostel (2,43; 5,12; 14,3) zu bezeichnen. Paulus meint damit außergewöhnliche Ereignisse (etwa Krankenheilungen, Exorzismen, Zungenreden, eindrucksvolle Bekehrungen), die Staunen erregen und die göttliche Herkunft seiner Predigt erweisen (so auch Röm 15,18f; vgl. Gal 3,5). Sie können in diesem Sinn als Zeichen seiner Legitimation gelten, so wie sie nach Dtn 18,21f zum Ausweis der wahren Propheten dienen. Allerdings lehrt die Bibel, daß solche Zeichen wie auch Jesu Wunder niemals als zwingende Beweise gelten können, zumal damit zu rechnen ist, daß auch falsche Propheten sich solcher Zeichen bedienen (Mk 13,22; Offb 13,13). Paulus geht nicht näher auf diese Machterweise ein, was wohl zeigt, daß er ihnen keine übergroße Bedeutung zuschreibt. (Nach 1 Kor 2,3f besteht »der Erweis des Geistes und der Kraft« nicht in Wundern, sondern darin, daß die Korinther trotz der menschlichen Schwäche des Paulus durch Gottes Gnade zum Glauben an Christus gelangten.) Sie sind hier nur im Blick auf die Gegner erwähnt, die sich nach Art hellenistischer Wanderprediger wohl gerne solcher »Zeichen« rühmten. (Im Unterschied zu den Briefen enthält die Apg relativ viele Berichte über Wunder des Apostels: 14,8–10; 16,16–18; 19,11–12; 20,7–12; 28,1–6.7–8.9.) V. 13: Paulus beschließt die kurze Selbstverteidigung mit der Aufforderung an die Korinther, doch selbst zu urteilen und anzugeben, worin sie durch ihn im Vergleich mit anderen Gemeinden benachteiligt wurden. Das einzige, was sie anführen können, ist, wie Paulus selbst mit Ironie vermerkt, sein Verzicht auf ein Entgelt. Damit gibt er das Stichwort für die erneute Behandlung dieses Themas im folgenden Abschnitt. Hier bittet er nur mit leichtem Sarkasmus, sie möchten ihm dieses »Unrecht« verzeihen.

Durch die Rechtfertigung seiner Narrenrede zeigt Paulus uns heute: Es gibt auch in der Kirche Situationen, in denen jemand gezwungen ist, sich gegen Verleumdungen und Unterstellungen zu wehren, mitunter sogar in scharfer Rede. Die Mahnung, nicht zu richten (1 Kor 4,5; vgl. Lk 6,37) und niemals harte Worte über andere zu verwenden (Mt 5,22f), ist daher im Licht des Verhaltens des Paulus wie auch Jesu (vgl. Mt 23) nicht als buchstäbliches, immer wörtlich zu befolgendes Gesetz zu verstehen.

Durch die Worte des Apostels über seinen Eigenwert einerseits und seine Nichtigkeit andererseits werden wir zum einen ermutigt, uns nicht immer für geringer zu halten als andere (wie etwa die Aufforderung Phil 2,4f nahelegen könnte); zum andern wird uns zu bedenken gegeben, daß wir aus uns selbst »nichts« sind und ohne Gottes Hilfe nichts vermögen: »Was hast du, was du nicht empfangen hast?« (1 Kor 4,7).

Die seltene Berufung des Apostels auf von ihm gewirkte »Zeichen« lehrt uns, mit solchen außergewöhnlichen Taten zu rechnen, sie aber nicht überzubewerten, wie dies in der neuzeitlichen Apologetik oft geschah. Wenn solche »Zeichen« in der heutigen Verkündigung nicht den Raum einnehmen wie zur Zeit der Apostel, hängt dies damit zusammen, daß uns die Gesetzmäßigkeiten der Natur heute weit bekannter sind und unser Urteil stärker mitbestimmen. Durch die Zurückhaltung des Paulus, die offensichtlich auch jener Jesu entspricht, wird uns gesagt – auch dies ist Wort Gottes! –, daß der Glaube an Christus nicht auf solchen Wundern beruht und daß diese immer nur eine dienende Funktion haben. Der Glaube ist vielmehr das Werk der Gnade Gottes, die gerade in menschlicher Schwäche zum »Erweis des Geistes und der Kraft« werden kann.

4. Angaben zur Vorbereitung des dritten Besuchs (12,14 – 13,10)

Den letzten Abschnitt dieses Briefteils (bzw. des ganzen Briefes) widmet der Apostel der Vorbereitung seines vorher schon erwähnten (10,2.10), unmittelbar bevorstehenden Besuchs. Im Hinblick darauf geht er noch einmal auf den am Ende der Narrenrede genannten Vorwurf des Unterhaltsverzichts ein (VV. 14–18); er mahnt dann die Korinther sehr besorgt, ihn bei seinem Kommen nicht zu enttäuschen (12,19–21), und erklärt vor dem Schlußwort (13,11–13), welche Bedeutung er dem dritten Besuch zuschreibt (13,1–10).

Nochmalige Betonung der Uneigennützigkeit (12,14–18)

Da der ungewöhnliche Verzicht des Apostels auf ein Entgelt für seine Verkündigung Anlaß zur Kritik und sogar zu Verdächtigungen gab, geht Paulus hier nochmals darauf ein und weist außerdem den Vorwurf einer Unterschlagung von Kollektengeldern zurück.

V. 14: Mit »siehe, dieses dritte Mal halte ich mich bereit, zu euch zu kommen« (wörtlich) sagt der Apostel, daß er sich gegenwärtig vorbereitet, zum dritten Mal (nach dem Gründungs- und dem Zwischenbesuch) zu den Korinthern zu kommen (vgl. die ähnliche Ankündigung in 13,1). Auch diesmal (vgl. 11,7–11) will er sie nicht durch die Annahme einer Unterstützung belasten, ganz im Sinn der eben (12,13) geäußerten Bitte. Paulus ist nämlich nicht – wie man es Wanderphilosophen nachsagte – auf das Geld der Korinther bedacht, sondern auf sie selbst; er will sich nicht an ihnen bereichern, sondern sie für Christus gewinnen. Er erläutert dies durch einen allgemeinen Grundsatz, mit dem er auf sein besonderes Verhältnis zu der von ihm gegründeten Gemeinde anspielt: Er versteht sich als Vater der Gemeinde (vgl. 1 Kor 4,15); deshalb hat er ihr sozusagen ein reiches Erbe zu verschaffen und darf sich nicht an ihr bereichern. V 15: Das Bild der Eltern, die sich ganz für ihre Kinder verausgaben, veranlaßt Paulus zur Beteuerung, daß er – im Unterschied zu anderen – für sie gerne »(alles) aufwende und selbst aufgewendet werde« (wörtlich). Der Verzicht auf die Annahme eines Entgelts entspricht demnach seiner Bereitschaft, sich ganz für sie zu opfern (vgl. Phil 2,17) und in Liebe für sie dazusein (11,28 f; 1 Thess 2,8), wie es der Hingabe Jesu entspricht (Mk 10,45). In einer rhetorischen Frage macht der Apostel die Korinther aufmerksam, daß er wegen dieser größeren Liebe zu ihnen auch von ihnen keine geringere Liebe erwarten darf.

V. 16: Paulus weiß zwar, daß die Korinther bzw. seine Gegner ihm zugestehen würden, sie nicht durch Unterhaltsforderungen belastet zu haben, doch könnten sie möglicherweise gegen ihn vorbringen, er habe sie »als Verschlagener mit List gefangen« (wörtlich); wie die Schlange Eva überlistete (11,3; vgl. 4,2), habe er also die Korinther auf unredliche Weise zu seiner eigenen Bereicherung mißbraucht. Aus der nachfolgenden Selbstverteidigung (V. 17 f) geht hervor, daß Paulus hier auf ein in Korinth kursierendes Gerücht anspielt, er habe Kollektengelder für sich verwendet (vgl. 8,9). V. 17: Als eine Form möglicher »Überlistung« erwägt Paulus rhetorisch, ob er sie etwa durch einen der (wegen der Kollekte?) gesandten Boten übervorteilt oder ausgebeutet habe. Wer könnte das sein? Der Apostel nennt zunächst Titus (s.o. zu 2,13; 7,6.13 f; 8,6.16.23). Wer der mitgesandte »Bruder« war, sagt Paulus nicht (zu seiner Mitsendung und der eines weiteren Begleiters vgl. 8,18.22). Für die Argumentation des Paulus ist vor allem Titus wichtig; denn dieser steht bei den Korinthern offensichtlich in gutem Ansehen und außer Verdacht (vgl. 7,13–16). Wenn aber Titus nicht verdächtigt werden kann, dann auch Paulus nicht. Mit zwei Fragen läßt er die Korinther daher wissen, daß er wie Titus denkt und in denselben »Fußspuren« wandelt, die letztlich jene Jesu sind (vgl. 1 Petr 2,21).

Diese ganz auf die konkrete Situation in Korinth und die dort gegen Paulus erhobenen Verdächtigungen bezogenen Worte haben als Wort Gottes für uns heute noch eine wegweisende Funktion. Durch sie werden wir alle aufgefordert, unser Verhalten gegenüber den uns anvertrauten Menschen am Verhalten des Apostels zu überprüfen: Sind wir bereit, uns wie Paulus für andere zu verausgaben (vgl. auch das Verhalten Jesu nach 8,9; Phil 2,6–8), oder wollen wir irgendwie an ihnen verdienen, etwa durch materielle Vorteile, Beifall, Ehre oder Ansehen? Diese Aufforderung zur Selbstüberprüfung erhält besonderes Gewicht durch die Worte Jesu nach Lk 20,45–47 und Mt 23,6ff. Nicht erst in der späteren Kirche, sondern schon sehr früh gab es diesbezüglich betrübliche Erfahrungen (vgl. 1 Petr 5,2–3).

Wenn schon Paulus so verdächtigt wurde, dürfen wir uns nicht wundern, wenn uns ähnliches geschieht. Das Erleiden solcher Schmach bleibt Christen nicht erspart und kann für sie ein Zeichen ihrer Zugehörigkeit zu Christus sein (vgl. 1 Petr 2,19–21 und die Erzählung aus den Fioretti des Heiligen *Franz von Assisi* »Die vollkommene Freude«). Die kluge Sorge des Apostels (vgl. 8,21) lehrt uns allerdings auch, soweit es an uns liegt, jeden Anlaß zu einer Schmähung und Verdächtigung zu vermeiden.

Sorge des Apostels um die Gemeinde im Blick auf seinen Besuch (12,19–21)

Zur Vorbereitung seines Besuchs weist Paulus noch einmal die gegen ihn gerichteten Bedenken zurück und äußert zugleich seine Befürchtung angesichts des Verhaltens in der Gemeinde, um diese zur Umkehr zu mahnen.

V. 19: Unter Bezug auf die vorherigen Aussagen verwahrt sich Paulus gegen den bei den Korinthern erweckten Eindruck, er wolle sich im Grunde nur selbst verteidigen (vgl. 1 Kor 9,3), es gehe ihm also nur um seine Person. Ohne darauf näher einzugehen, betont er zunächst die Lauterkeit seines Redens und Schreibens mit einer an 2,17 erinnernden Formulierung, die hier den Charakter einer eidlichen Beteuerung erhält: Er spricht als einer, der sich vor Gott verantwortlich weiß und sich der Lebensgemeinschaft mit Christus bewußt wird. Dies kann sich auf den ganzen Brief bzw. auf den Briefteil Kap. 10 – 12 beziehen, vor allem aber auf die unmittelbar folgenden Worte (V. 19c): Der Apostel redet die Korinther mit dem Ehrentitel »Geliebte« an (s. zu 7,1), der hier zugleich aber die Liebe des Paulus zu ihnen bekundet (vgl. 12,15; 1 Thess 2,8). Ausdrücklich versichert er, daß sein ganzes Reden, Tun und Schreiben für sie geschehe, damit er ihre Gemeinde wie ein Haus oder einen Tempel aufbaue (s. zu 10,8; vgl. 13,10; 1 Kor 3,9ff; Röm 14,19).

V. 20: Zur Begründung seines von den Korinthern mißverstandenen Eifers und seiner Sorge äußert er die Befürchtung (hier im Singular: »ich fürchte«), daß er sie bei seinem Kommen nicht so »finden werde« (wörtlich), wie er es will, und er deshalb auch von ihnen nicht so »gefunden« werde, wie sie möchten. Den befürchteten Zustand der Gemeinde beschreibt Paulus mit einem achtgliedrigen Lasterkatalog, der nur Wort- und Gedankensünden enthält, die das Gemeinschaftsleben betreffen, und wesentlich auf Gegner des Paulus sowie deren Anhänger zielt. Im Vergleich zu anderen Lasterkatalogen (1 Kor 5,11; Gal 5,19–21; Röm 1,29–31; 13,13) fehlen die Tatsünden wie Mord, sexuelles Vergehen und Diebstahl.
V. 21: Der Apostel fürchtet außerdem, daß er bei seinem erneuten Kommen (nach dem »Zwischenbesuch«) wieder eine Demütigung erfährt, die er nach damaliger Ausdrucksweise auf Gott zurückführt. Er meint damit wohl keine Mißachtung oder Auflehnung wie beim Zwischenfall, sondern, wie das folgende zeigt, den beklagenswerten Zustand der von ihm gegründeten Gemeinde: Trotz seiner Ermahnungen – so befürchtet er – haben viele, die vorher sündigten, sich von ihren sexuellen Vergehen nicht bekehrt. Da diese Laster nach Paulus sonst typisch für die Heiden sind (vgl. Röm 1,19–31; 13,13), könnte er damit auf die Sünden vor der Taufe anspielen. Allerdings gab es solche Verfehlungen auch noch in der christlichen Gemeinde, und Paulus war schon einmal genötigt, dagegen Stellung zu nehmen (vgl. 1 Kor 5,1–5; 6,12). Aus der allgemeinen Formulierung kann freilich nicht gefolgert werden, daß solche Vergehen auch beim »Zwischenfall« eine ausschlaggebende Rolle spielten (s. zu 2,5).

Wie Paulus können auch heutige Verkünder des Evangeliums nicht jede Mißdeutung ihres Eifers vermeiden. Wesentlich ist aber, daß sie sich wie der Apostel immer wieder vor Gottes Augen prüfen, ihr Reden und Tun im Blick auf Gottes Gegenwart bedenken, wie dies die alte Praxis der regelmäßigen Gewissenserforschung empfiehlt. Ebenso werden wir durch diese Pauluswort von Gott angehalten, uns gerade in Auseinandersetzungen der Verbundenheit mit Christus bewußt zu bleiben, von der wir sogar die nicht ausschließen dürfen, die uns verdächtigen.

Wie schon an früherer Stelle (s. S. 66) werden wir noch einmal gemahnt, selbst jene als »Geliebte« zu betrachten und ihnen in Liebe zu begegnen, die uns durch ihr Verhalten enttäuschen. Gerade durch solche Liebe können wir dazu beitragen, die Gemeinde als geistliches Haus Gottes (vgl. 1 Kor 3,9–17; 1 Petr 2,5) aufzubauen und zu ihrer Vollendung beizutragen (vgl. Eph 2,20–22; 4,11–16).

Die Sorge und Befürchtung des Apostels um den Zustand seiner Gemeinde darf als Widerhall der Sorge Jesu um Jerusalem (vgl. Lk 13,34–35; 19,42.44) und der Klage Gottes um seinen Weinberg, d. h. sein Volk (Jes 5,4.7), gelten. Wie die Korinther werden wir dadurch ermahnt, uns als seine Kirche und als Glieder am Leib seines Sohnes von einer heidnischen, nur auf die Befriedigung eigenen Verlangens ausgerichteten Lebensweise abzukehren.

Erneute Ankündigung und Vorbereitung des dritten Besuchs (13,1–10)

Damit Paulus bei seinem bevorstehenden Besuch nicht enttäuscht wird und die Korinther enttäuschen muß, verdeutlicht er, wie sein Auftreten zu bewerten ist. Nach einer zusammenfassenden Deutung seiner Schwäche und Vollmacht mahnt er die Korinther, sich ernsthaft zu prüfen, damit er bei seinem Kommen nicht von seiner Autorität Gebrauch machen muß.

V. 1: Für den Apostel ist es von besonderer Bedeutung, daß er jetzt »das dritte Mal« (s. zu 12,14) nach Korinth kommt. Er deutet diesen Besuch (nach der verkürzten Wiedergabe von Dtn 19,15; vgl. Mt 18,16) allegorisch im Licht der Forderung von drei Zeugen bei einem Prozeß und betrachtet ihn als »dritten Zeugen«, dem ein besonderes, das Urteil entscheidendes Gewicht in der Streit-»Sache« zwischen ihm und den Korinthern zukommt. V. 2: In einem verschachtelten Satz kündet Paulus an: Was er schon vorher (beim ersten Mal?) sagte und jetzt als Abwesender ausspricht (genauso wie er es beim »zweiten Mal«, dem Zwischenbesuch, in ihrer Gegenwart tat), das wird er dann ein drittes Mal denen sagen, die zuvor sündigten, aber auch all jenen, die mit ihnen sympathisierten und sich durch sie verführen ließen. Er wird sie bei seinem neuerlichen Kommen nicht schonen, d.h. Strafmaßnahmen gegen sie anordnen (vgl. 10,6.11; 13,10). Dabei denkt er vermutlich auch an den temporären Ausschluß aus der Gemeinde (vgl. Gal 1,6; 1 Kor 5,3–5.13).

V. 3: Um die angedrohte Härte zu begründen, geht Paulus (noch einmal) auf den erhobenen Vorwurf ein, er erweise sich ihnen gegenüber als schwach (vgl. 10,10) und habe keinen Beweis dafür, daß Christus durch ihn spreche; es fehle ihm also an ekstatischen Äußerungen und aufsehenerregenden Taten, wie sie die Gegner nach Art hellenistischer »Gottesmänner« geltend machen. Diesen Vorwurf widerlegt er in knapper Form: Christus ist bei seiner Predigt unter ihnen keineswegs »schwach« (läßt ihn also nicht im Stich), sondern »stark«. Der Apostel versteht diese schon mehrfach verwendete Gegenüberstellung (vgl. 10,2.10) aber anders als die Korinther; denn er geht von der Voraussetzung (vgl. V. 4) aus, daß der gekreuzigte Christus (vgl. 1 Kor 1,23) sich in seiner Predigt nicht durch ekstatische und aufsehenerregende Taten als »stark« erweist, sondern gerade durch die in der Schwäche sich vollendende Kraft (s. zu 12,9f; vgl. 1 Kor 2,1–4).

V. 4: Diese Sicht von »schwach« und »stark« hängt mit der gläubigen Beurteilung des Kreuzes zusammen, wie Paulus sie hier in einer prägnanten, paradox klingenden Formulierung wiedergibt und dann auf sich bezieht: Christus wurde zwar »aus Schwäche« (wörtlich) gekreuzigt, d.h. nicht aufgrund seiner eigenen Schwachheit, sondern weil er sich nicht wehrte und daher als schwach erachtet wurde (die Wendung ist möglicherweise nur rhetorische Entsprechung zu »aus Gottes Kraft«); dem steht gegenüber, daß er »aus Gottes Kraft« lebt, wie dies die urkirchliche Osterbotschaft von der Auferweckung des Gekreuzigten einhellig bekennt; er lebt durch Gott, der die Macht hat, Tote lebendig zu machen (vgl. 1 Kor 6,4; Röm 4,18–25; 6,4; 10,9 u.ö.; erst in Joh 2,18–22; 10,27f gilt Jesu Auferstehung als seine eigene Tat). Das Nebeneinander von »schwach« und »stark« in der Christusverkündigung des Paulus entspricht also dem christologischen Grundprinzip von Kreuz und Auferstehung. In paralleler Diktion (im Urtext deutlich erkennbar) zieht Paulus daraus die Folgerung: Wie Christus ist auch er schwach »in ihm«, d.h. durch die Teilhabe an seiner Kreuzesohnmacht (vgl. 4,10; Gal 2,19: »mit Christus gekreuzigt«; Phil 3,10: »die Teilhabe an seinen Leiden, gleichgestaltet seinem Tod«; s. auch zu 12,9). Dieser Teilhabe an der »Schwäche« entspricht aber, mag dies auch paradox klingen, die Teilnahme an seinem Leben aus der Kraft Gottes: »Wir werden mit ihm leben aus der Kraft Gottes bei euch« (wörtlich). Der Zusatz »bei euch« oder »im Blick auf euch« (wörtlich; EÜ »vor euren Augen«) legt es nahe – besonders bei Berücksichtigung von V. 3 –, daß Paulus hier an sein künftiges Wirken in der Kraft Christi bei den Korinthern denkt (vgl. 4,12). Die vorausgehende Wortwahl läßt aber auch die Deutung zu, daß der Apostel hier auf das künftige Leben mit Christus dank der ihm durch Gott geschenkten Teilhabe an Christi endgültiger Auferstehungsherrlichkeit blickt (vgl. 1 Thess 4,17: »und wir werden immer mit dem Herrn sein«; Phil 1,23: »aufbrechen und mit Christus sein«). Die doppelsinnige Formulierung (einige alte Handschriften lassen die Schlußworte »bei euch« deshalb weg) bringt jedenfalls zum Ausdruck, wie eng Paulus seine Hoffnung auf die künftige Teilhabe am Leben des Auferstandenen mit seiner Überzeugung von der jetzt schon bestehenden Christusgemeinschaft verbindet (vgl. 2 Kor 5,17; in den Deutero-Paulinen führte das zu einer Konzentration auf die gegenwärtige Teilhabe am Leben des Auferstandenen: z.B. Kol 2,13; 3,1–3; Eph 2,5–7).

V. 5: Gegenüber dem Verlangen der Korinther nach Beweisen seiner Christusverbundenheit (V. 3) fordert Paulus sie auf, sich doch selbst zu prüfen, ob sie »im Glauben« sind, d.h. ob sie gemäß der ursprünglichen Bedeutung dieses Wortes (»sich festmachen«) in Christus festen Stand gefunden haben (vgl. 1,24; 1 Kor 16,13) und als Glaubende leben. In einer rhetorischen Frage und in unverkennbarer Anspielung auf V. 3 hält er sie an, Jesus Christus in ihrer Mitte zu erkennen (vgl. 1 Kor 3,16). Der Apostel setzt demnach voraus, daß der wahre Glaube einer Gemeinde daran zu ersehen ist, daß sie dank der Gegenwart Christi geistgewirkte Früchte vorweisen kann (vgl. Röm 8,9f und die Gemeinde als »Brief Christi« nach 2 Kor 3,3). Sollte dies nicht der Fall sein, wären sie – was der Apostel aber nicht annimmt – »unbewährt« (wörtlich), könnten also vor Gott nicht bestehen (vgl. 1 Kor 9,27). Es bleibt zu beachten, daß Paulus das einer Gemeinde schreibt, gegen die er sich verteidigen muß, die er aber in ihrer Gesamtheit nicht als glaubenslos betrachtet (vgl. die Beteuerungen seiner Liebe 11,11; 12,15.19). V. 6: Die Selbstprüfung muß die von ihm gegründete Gemeinde aber – so hofft Paulus – zur Erkenntnis führen, daß auch er nicht »unbewährt« (wörtlich) ist; denn ihm verdanken sie schließlich den Glauben an Christus und sein Wirken in ihrer Mitte.

V. 7: Wie sehr Paulus am echten Glauben der Gemeinde interessiert ist, zeigt seine Bitte an Gott, daß er die Gemeinde davor bewahre, Böses zu tun und als »Unbewährte« dem Gericht zu verfallen. Das Gebet hat zugleich den Charakter des Appells. Gegen Angriffe und Verdächtigungen muß Paulus nämlich neuerlich betonen, es gehe ihm nicht darum, in der Auseinandersetzung als »bewährt« zu erscheinen (empfohlen durch den Glauben der Korinther: vgl. 3,3); vielmehr betet er, daß sie Gutes tun, selbst wenn er dann – etwa durch den Verzicht auf angedrohte Strafe – in den Augen der Gegner wie ein »Unbewährter« dasteht. V. 8: Die wiederum aufgenommene Selbstverteidigung unterstreicht Paulus mit einer allgemeinen Sentenz (vgl. 12,9c). Er versteht sie aber nicht als philosophische Maxime (Einsatz für die unbesiegbare Wahrheit), sondern im Sinn des auch sonst (4,2; 6,7) betonten Eintretens für das wahre Evangelium (im Gegensatz zu einem anderen: vgl. 11,4) und damit für die uns von Gott im Evangelium »entborgene« volle Wahrheit. Deshalb müssen sich die Korinther daran und nicht an seine Person halten. V. 9: Der Apostel bekräftigt das noch einmal durch die Schlagworte »schwach« und »stark«: Es bereitet ihm Freude, daß die Korinther im echten Sinn »stark« werden (als im Glauben Bewährte: vgl. 4,12; 1 Kor 4,10), mag er selbst auch »schwach« erscheinen durch die Teilhabe an der Ohnmacht Christi. Deshalb wiederholt er den vorherigen Gebetswunsch (V. 7), indem er mit einem der Medizin entlehnten Begriff die »Wiederherstellung« (wörtlich) der Korinther erfleht, d.h. ihre volle Festigung im Glauben, wozu Paulus sicher auch die Zurückweisung der Gegner und den Frieden mit ihm zählt.

V. 10: Noch einmal begründet der Apostel, warum er ihnen dies bzw. den ganzen Brief(teil) aus der Ferne schreibt: damit er bei seinem dritten Besuch nicht durch sofortige Strafforderung eine Strenge zeigen muß. Dazu hätte er zwar die Vollmacht, doch ist ihm diese, wie er schon vorher schreibt, nicht zum Einreißen der Gemeinde gegeben, sondern zu ihrem Aufbau (s. zu 10,18).

Die Deutung seines dritten Besuchs als maßgebliches Zeugnis belegt, wie sehr Paulus von der ihm übertragenen apostolischen Vollmacht erfaßt war (vgl. 10,8–11). Als Wort Gottes wird uns damit, wie mehrfach in diesem Brief, auf menschliche Weise bezeugt, daß sich einzelne vom Anfang der Kirche an auf eine besondere Autorität berufen konnten, wie sie der den Jüngern schon vor Ostern gegebenen Vollmacht (vgl. Mk 3,14f) und der Autorisierung der Apostel entsprach (Mt 16,18; 18,18; Joh 20,23; 21,11–15). Solche Autorität hat auch in der heutigen Kirche ihren Platz, mag sie auch im Lauf der Zeit unterschiedlich ausgeübt und nicht selten sogar mißbraucht worden sein.

Als tiefsten Grund seiner Vollmacht, aber auch seiner Ohnmacht im Auftreten nennt Paulus noch einmal das Ineinander von Schwäche und Stärke im Geschick Christi. Durch die wiederholte Betonung der engen Zusammengehörigkeit von Vollmacht und Ohnmacht erhält dieses Wort Gottes an uns heute großes Gewicht: Einerseits nehmen wir nämlich nur zu oft Anstoß an der menschlichen Schwäche in der Kirche und an Gottes scheinbar ohnmächtigem Schweigen zu Leid und Unrecht; andererseits sind wir und besonders alle mit Autorität Ausgestatteten ständig in Gefahr, auf die Anerkennung, Durchsetzung und Wahrung äußerer Machtansprüche zu pochen, ohne die Verankerung jeder christlichen Autorität im Kreuz und in der Auferstehung Christi zu bedenken.

Durch die abschließende ernste Mahnung zur Selbstprüfung und das nochmalige Werben des Apostels Paulus um die Gemeinde mahnt Gott uns erneut, nicht bloß kritisch gegenüber Vorstehern, sondern auch gegen uns selbst zu sein: Entspricht unser Leben wirklich dem uns geschenkten Glauben an Gott und der Anwesenheit Christi im Herzen eines jeden wie in unseren Gemeinden? Ein Kriterium dafür ist der zur Selbstverteidigung wiederholte Hinweis des Paulus auf seine Liebe zu den Korinthern: Wie ihm darf es uns nie bloß um die Anerkennung unserer Autorität und um unsere eigene »Bewährung« vor anderen gehen, sondern um die uns anvertrauten Menschen und Gemeinden, um ihre »Wiederherstellung«, ihren »Aufbau« und ihr Wachstum in der Teilhabe an Christus.

Postskript (13,11–13)

Wie in anderen Briefen, nur auffallend kürzer, beschließt Paulus seinen Brief durch eine abschließende Mahnung, die er mit einer Zusage, dem Austausch von Grüßen und einer tiefsinnigen dreigliedrigen Segensformel verbindet.

V. 11: Durch die Anrede »Brüder« (s. zu 1,8; 8,1) versucht der Apostel am Ende seines Briefes noch einmal die Gesprächsbasis mit seinen Lesern zu festigen. »Freut euch« kann am Briefschluß zwar auch »lebt wohl« bedeuten, ermutigt hier aber zu freudiger Gelassenheit, die in der Verbindung mit Christus (vgl. Phil 4,4; 1 Thess 5,18; Röm 12,12) ihren tiefsten Grund hat. Dieser macht es möglich, selbst in Bedrängnissen die Freude zu bewahren (vgl. 1,5 f; 2,3; 6,10; 7,7; Phil 2,17). Der Ruf »laßt euch wiederherstellen« (wörtlich) knüpft an das Gebet in V. 9 und damit an das Thema des ganzen Briefes an. Mit »laßt euch ermahnen« (vgl. Hebr 13,22) bittet Paulus, die im Brief ausgesprochene Mahnung (vgl. bes. 10,1) anzunehmen. (Grammatikalisch weniger passend, aber nicht unmöglich ist die Übersetzung »redet einander zu«: vgl. 1 Thess 4,18; 5,11). Die Aufforderungen »seid eines Sinnes« (vgl. auch Röm 12,16; 15,5; Phil 2,2; 4,2) und »haltet Frieden« (vgl. 1 Thess 5,13; Röm 12,18) tragen am Ende dieses Briefes eine besondere Note. Paulus ergänzt die beiden letzten Mahnungen durch die als feste Zusage gemeinte Verheißung, daß Gott, den er mit liturgischen Worten (s. zu 1,3; vgl. 1 Thess 5,23; Röm 15,6.33) als Spender von Liebe und Frieden bezeichnet, mit ihnen sein wird. Die Korinther sind also in ihrem Bemühen um Einmütigkeit und Frieden nicht sich selbst überlassen.

V. 12: Wie in anderen Briefschlüssen (Phil 4,21 f; 1 Kor 16,20; Röm 16,16; 1 Thess 5,26) fordert der Apostel die Hörer des Briefes auf, einander mit dem in der Liturgie üblichen »heiligen Kuß« (im Unterschied zum erotischen) zu grüßen. Dieser steht zugleich für den ihnen allen von Paulus zugedachten Gruß als Zeichen seiner Verbundenheit trotz aller Spannungen. (Viele Ausleger folgern aus dieser Aufforderung zu Recht, daß der Brief zur Vorlesung bei einer liturgischen Versammlung bestimmt war.) Wenn Paulus auch noch die Grüße aller »Heiligen« (s. zu 1,1) ausrichtet, denkt er zunächst an die in seiner Nähe weilenden Christen; er deutet in dieser formelhaften Wendung aber auch die Verbundenheit mit allen Christen an.

V. 13: Anstelle des sonst üblichen Segenswunsches am Briefende (vgl. 1 Thess 5,28; 1 Kor 16,23; Röm 15,33) steht hier eine dreigliedrige Formel (vgl. Phil 2,1), die die Gemeinde hineinstellt in das Geheimnis Gottes. Dieser wird hier zwar nicht ausdrücklich als Vater, Sohn und Geist im Sinn der kirchlichen Trinitätslehre bezeichnet, doch ist die Nähe dazu unschwer zu erkennen. »Die Gnade unseres Herrn Jesus Christus« (vgl. 1,2) bezeichnet die durch Christus verliehene Gnadengabe des neuen Lebens (s. zu 8,1), die in Gott ihren Grund hat und uns in Christus geschenkt wird. Als Ausdruck seiner Huld wird sie nicht bloß bei der Taufe deutlich, sondern auch in unserem Leben, wie etwa die Paulus zugesagte Bewältigung seines Leidens zeigt (vgl. 12,9). »Die Liebe Gottes«, von der Paulus kurz vorher geschrieben hat (V. 11; vgl. Röm 5,5; 8,39), ist letztlich der Ursprung von allem, besonders aber der uns geschenkten Versöhnung (5,18). Wenn Gott hier auch nicht ausdrücklich als »Vater« bezeichnet wird, ist aus der Gesamtsicht der Paulusbriefe doch der »Vater unseres Herrn Jesus Christus« gemeint (3,1). »Die Gemeinschaft des Heiligen Geistes« besagt, der Bedeutung des griechischen Wortes *koinonia* entsprechend, zunächst die Teilhabe am göttlichen Lebensodem (1 Kor 1,9; zur Wortbedeutung vgl. 1 Kor 10,16; Phil 3,10), darüber hinaus aber die durch diese Teilhabe am Heiligen Geist im Neuen Bund bewirkte einzigartige Gemeinschaft (3,3–18) der Angesprochenen in der Kirche (vgl. zur Erläuterung Phil 2,1 f).

Durch die den Brief abschließenden Paulusworte werden wir alle als Brüder und Schwestern, die zu Christus gehören, von Gott aufgerufen, uns um Liebe und Frieden zu bemühen. So wird uns aber, wie zu Beginn des Briefes, zugleich gesagt, daß wir dabei auf Gottes Begleitung hoffen dürfen und daß er Liebe und Frieden zu schenken vermag, wo wir Menschen immer wieder versagen.

Die Aufforderung, einander mit heiligem Kuß zu grüßen, lädt uns ein, das gegenseitige Wohlwollen und die familiäre Zusammengehörigkeit mit vertrauten Gesten, Zeichen und Worten auszudrücken. Dabei dürfen und sollen wir uns zugleich der Verbundenheit mit »allen« Getauften bewußt werden und unsere brüderlich-schwesterliche Liebe allen Christen – nicht bloß den uns sympathischen – erweisen.

Durch die dreifache Segensformel des Apostels wird uns am Ende dieses Briefes von Gott her erneut zu bedenken gegeben, wie sehr wir alle durch das Christusgeschehen mit Gott verbunden sind und wie unser Leben dadurch voll einzigartiger »Herrlichkeit« ist – trotz der oft bedrückenden und entmutigenden Erfahrungen im Alltag. Die Wendung *»die Gnade unseres Herrn Jesus Christus«* faßt zusammen, was wir nach den Ausführungen dieses Briefes Christus verdanken: seine Huld; seine Liebe, die er im Sterben für uns zeigte; die den Tod überwindende Kraft, die unsere Bedrängnisse zu Quellen des Segens macht; und das Geschenk der Gemeinschaft untereinander in der Kirche, seiner Braut. Die Zusage der *»Liebe Gottes«* enthüllt uns in einer Welt, in der viele Gott anklagen oder sogar verfluchen, wer Gott wirklich ist und was ihn motivierte, uns zu erschaffen und sich auf das Risiko menschlicher Freiheit einzulassen: damit wir an seiner Liebe Anteil erhalten und durch das Geschenk seiner Liebe fähig werden, ihn und einander zu lieben. Das Segenswort von der *»Gemeinschaft des Heiligen Geistes«* ruft uns am Ende dieses Briefes in Erinnerung, daß wir im Neuen Bund und in der Gemeinschaft der Kirche auf einzigartige Weise Anteil erhalten am göttlichen Lebensodem und an Gottes Herrlichkeit; dadurch erhalten wir die wahre Freiheit (3,17f) und sind jetzt schon im Innersten unserer Existenz der Macht der Sünde und des Todes entrissen (1,22; 5,5). Durch das Angeld ewigen Lebens in dieser Welt verlieren alle Bedrängnisse an Gewicht; deshalb dürfen wir schon, mehr noch als die Frommen des Alten Bundes, Gott loben und preisen.

DRITTER TEIL

Anhang

1. Literatur

Zu einer Vertiefung und kritischen Beurteilung dieses Kleinen Kommentars eignen sich vor allem folgende allgemein verständliche Kommentare, die auch weitere Angaben über wissenschaftliche Kommentare und spezielle Fachliteratur bieten:

H. J. Klauck, 2. Korintherbrief (NEB NT 8) 1986.
F. Lang, Die Briefe an die Korinther (NTD 7) 1986.
Chr. Wolff, Der zweite Brief des Paulus an die Korinther (ThHK), Berlin 1989.

Zur Berechtigung der Auslegung von Pauluswortten als »Wort Gottes« an uns heute sei besonders verwiesen auf folgende Veröffentlichungen des Verfasses im Verlag KBW, Stuttgart: Die Bibel lesen – aber wie? Eine kleine Anleitung zum Verstehen der Heiligen Schrift, ^{10}1988; Die Bibel – ein Buch für alle. Berechtigung und Grenzen »einfacher« Schriftlesung, 1986; Lazarus – die Geschichte einer Auferstehung. Text, Wirkungsgeschichte und Botschaft von Joh 11,1–46, 1985.

2. Bibelarbeit – Fragen

Um zu einem tieferen Verstehen des 2. Korintherbriefes in Bibelkreisen oder durch die Teilnahme an einem biblischen Fernkurs anzuregen, werden hier – dem Anliegen dieser Kommentarreihe entsprechend – einige Fragen angeführt. Darüber hinaus sollten aber in Weiterführung der dargelegten Auslegung des Textes als Wort Gottes weitere Aktualisierungen überlegt und besprochen werden.

1. Mit welchem Recht und in welchem Sinn wird der 2. Korintherbrief als Wort Gottes verkündet?

2. Was läßt sich aus dem vorliegenden Text über den Anlaß des ganzen Briefes bzw. einzelner Briefteile erschließen?

3. Welche Stellen geben über die Einschätzung der Gegner durch Paulus Auskunft, und was folgt daraus für die Beurteilung von »Überaposteln« in der Kirche unserer Tage?

4. Mit welchen Bildern umschreibt Paulus seine apostolische Tätigkeit und sein Verhältnis zur Gemeinde von Korinth?

5. Wodurch unterscheidet sich das Amt eines Apostels von dem Amt des Mose, und wie sind die Worte des Paulus über den »Alten Bund« heute zu bewerten?

6. Was lehrt Paulus im 2. Korintherbrief über die Bedeutung des Heiligen Geistes für die Christen?

7. Wie beurteilt Paulus in diesem Brief die Bedrängnis in seinem Leben, und was folgt daraus für die Bewältigung der vielfältigen innerkirchlichen Schwierigkeiten?

8. Was sagt Paulus in diesem Brief über das Sterben und ein Leben nach dem Tod?

9. Warum kann Paulus schreiben, daß ihn die Liebe Christi drängt?

10. Was versteht Paulus unter »Dienst der Versöhnung« und »Wort der Versöhnung«? Was kann daraus für die heutige Diskussion über das Amt in der Kirche gefolgert werden?

11. Welche Motive führt Paulus für die Kollekte an, und wie können seine konkreten Anweisungen heute befolgt werden?

12. Worin liegt der Unterschied zwischen der Berufungsvision (Gal 1,16; 1 Kor 15,8; 2 Kor 4,6; vgl. Apg 9,3–6; 22,6–11; 26,12–18) und der in 2 Kor 12,2 genannten Begnadung?

13. Warum hat die Antwort des Herrn in 2 Kor 12,9 für den Apostel und alle Christen solches Gewicht?

14. Welche Rechte und Vollmachten kann Paulus für sich beanspruchen?

15. Wie sind die Aussagen des Paulus über »Satan« und »Satansdiener« heute zu interpretieren?

16. Welche Worte des Apostels eignen sich gut dazu, suchende und zweifelnde Menschen unserer Zeit zum Glauben an Christus und zur Mitarbeit in der Kirche – trotz ihres oft sündhaften Verhaltens – zu ermutigen?

Zum Verfasser

Jacob Kremer, geboren 1924, nach dem Studium der Philosophie und Theologie in Bonn und Rom von 1954–1962 in Aachen und Krefeld als Seelsorger tätig, dann Professor in Aachen und seit 1972 Ordinarius für Neutestamentliche Bibelwissenschaft an der Katholisch-Theologischen Fakultät der Universität Wien.